Paulo, apóstolo de Jesus Cristo pela vontade de Deus!

Teologia paulina

COLEÇÃO BÍBLIA EM COMUNIDADE

PRIMEIRA SÉRIE – VISÃO GLOBAL DA BÍBLIA
1. Bíblia, comunicação entre Deus e o povo – Informações gerais
2. Terras bíblicas: encontro de Deus com a humanidade – Terra do povo da Bíblia
3. O povo da Bíblia narra suas origens – Formação do povo
4. As famílias se organizam em busca da sobrevivência – Período tribal
5. O alto preço da prosperidade – Monarquia unida em Israel
6. Em busca de vida, o povo muda a história – Reino de Israel
7. Entre a fé e a fraqueza – Reino de Judá
8. Deus também estava lá – Exílio na Babilônia
9. A comunidade renasce ao redor da Palavra – Período persa
10. Fé bíblica: uma chama brilha no vendaval – Período greco-helenista
11. Sabedoria na resistência – Período romano
12. O eterno entra na história – A terra de Israel no tempo de Jesus
13. A fé nasce e é vivida em comunidade – Comunidades cristãs na terra de Israel
14. Em Jesus, Deus comunica-se com o povo – Comunidades cristãs na diáspora
15. Caminhamos na história de Deus – Comunidades cristãs e sua organização

SEGUNDA SÉRIE – TEOLOGIAS BÍBLICAS
1. Deus ouve o clamor do povo (Teologia do êxodo)
2. Vós sereis o meu povo e eu serei o vosso Deus (Teologia da aliança)
3. Iniciativa de Deus e corresponsabilidade humana (Teologia da graça)
4. O Senhor está neste lugar e eu não sabia (Teologia da presença)
5. Profetas e profetisas na Bíblia (Teologia profética)
6. O Sentido oblativo da vida (Teologia sacerdotal)
7. Faça de sua casa um lugar de encontro de sábios (Teologia sapiencial)
8. Grava-me como selo sobre teu coração (Teologia bíblica feminista)
9. Teologia rabínica (em preparação)
10. Paulo, apóstolo de Jesus Cristo pela vontade de Deus (Teologia paulina)
11. Compaixão, cruz e esperança (Teologia de Marcos)
12. Lucas e Atos: uma teologia da história (Teologia lucana)
13. Ide e fazei discípulos meus todos os povos (Teologia de Mateus)
14. Teologia joanina (em preparação)
15. Eis que faço novas todas as coisas (Teologia apocalíptica)
16. As origens apócrifas do cristianismo (Teologia apócrifa)
17. Teologia da Comunicação (em preparação)
18. Minha alma tem sede de Deus (Teologia da espiritualidade bíblica)

TERCEIRA SÉRIE – BÍBLIA COMO LITERATURA
1. Bíblia e Linguagem: contribuições dos estudos literários (em preparação)
2. Introdução ao estudo das formas literárias do Primeiro Testamento
3. Introdução ao estudo das formas literárias do Segundo Testamento
4. Introdução ao estudo das Leis na Bíblia
5. Introdução à análise poética de textos bíblicos
6. Introdução à Exegese patrística na Bíblia (em preparação)
7. Método histórico-crítico (em preparação)
8. Método narrativo na Bíblia (em preparação)
9. Método retórico e outras abordagens (em preparação)

QUARTA SÉRIE – RECURSOS PEDAGÓGICOS
1. O estudo da Bíblia em dinâmicas – Aprofundamento da Visão Global da Bíblia
2. Teologias bíblicas (em preparação)
3. Bíblia como literatura (em preparação)
4. Atlas bíblico (em preparação)
5. Mapas e temas bíblicos – Cartazes (em preparação)
6. Metodologia de estudo e pesquisa (em preparação)
7. Pedagogia bíblica (em preparação)
8. Modelo de ajuda (em preparação)

Valmor da Silva

Paulo, apóstolo de Jesus Cristo pela vontade de Deus!

Teologia paulina

Teologias bíblicas 10

Dados Internacionais de Catalogação na Publicação (CIP)
(Câmara Brasileira do Livro, SP, Brasil)

Silva, Valmor da
  Paulo, apóstolo de Jesus Cristo pela vontade de Deus! : teologia paulina / Valmor da Silva – 2. ed – São Paulo : Paulinas, 2008. – (Coleção Bíblia em comunidade. Série teologias bíblicas ; 10)

  Bibliografia
  ISBN 978-85-356-1611-8

  1. Bíblia. N.T. Epístolas de Paulo - Teologia 2. Paulo, Apóstolo, Santo 3. Paulo, Apóstolo, Santo - Teologia I. Título. II. Série.

  08-10600   CDD-227.06

Índices para catálogo sistemático:
  1. Epístolas de Paulo : Teologia 227.06
  2. Paulo : Teologia das Epístolas 227.06
  3. Teologia paulina 227.06

Citações bíblicas: *Bíblia de Jerusalém*. São Paulo, Paulus, 1990.

Direção-geral:	*Flávia Reginatto*
Editora responsável:	*Vera Ivanise Bombonatto*
Copidesque:	*Anoar Jarbas Provenzi*
Coordenação de revisão:	*Andréia Schweitzer*
Revisão:	*Marina Mendonça*
Direção de arte:	*Irma Cipriani*
Gerente de produção:	*Felício Calegaro Neto*
Capa:	*Cristina Nogueira da Silva, sobre ilustração de Soares*
Editoração eletrônica:	*Sandra Regina Santana*

2ª edição – 2008
3ª reimpressão – 2022

Nenhuma parte desta obra poderá ser reproduzida ou transmitida por qualquer forma e/ou quaisquer meios (eletrônico ou mecânico, incluindo fotocópia e gravação) ou arquivada em qualquer sistema ou banco de dados sem permissão escrita da Editora. Direitos reservados.

SAB – Serviço de Animação Bíblica
Av. Afonso Pena, 2142 – Bairro Funcionários
30130-007 – Belo Horizonte – MG
Tel.: (31) 3269-3737 – Fax: (31) 3269-3729
e-mail: sab@paulinas.com.br

Paulinas
Rua Dona Inácia Uchoa, 62
04110-020 – São Paulo – SP (Brasil)
Tel.: (11) 2125-3500
http://www.paulinas.com.br – editora@paulinas.com.br
Telemarketing e SAC: 0800-7010081
© Pia Sociedade Filhas de São Paulo – São Paulo, 2016

Apresentação

Paulo, apóstolo de Jesus Cristo pela vontade de Deus é o volume 10 da série "Teologias Bíblicas", da Coleção Bíblia em Comunidade. Está inserido no grande projeto de formação bíblica sistemática para leigos, composto por quatro séries, perfazendo um total de 50 volumes.

A primeira série é a *Visão global da Bíblia*. Nela, encontramos as grandes etapas da história da salvação que Deus realizou em favor do seu povo, situadas no contexto geográfico do Oriente Próximo. Em cada etapa da história, são apresentados os escritos bíblicos que, provavelmente, surgiram no contexto histórico de cada período.

A segunda série, *Teologias bíblicas*, mostra as diferentes intuições ou visões que o povo teve sobre Deus, como a Teologia do êxodo, a Teologia da aliança, a Teologia da graça, a Teologia da presença, a Teologia paulina e outras. São ao todo 16 maneiras diferentes de perceber as manifestações de Deus na caminhada do povo.

A terceira série, *Bíblia como Literatura*, ajuda a conhecer os diferentes gêneros literários da Bíblia — alegorias, fábulas, sagas, parábolas etc. —, os quais frequentemente constituem a grande dificuldade para compreendermos e interpretarmos de modo adequado o texto bíblico.

A quarta e última série, *Recursos pedagógicos*, é de ajuda sobretudo para os multiplicadores da Palavra dinamizarem o estudo da Bíblia com dinâmicas de integração, de formação de grupos e de estudo dos temas da *Visão global da Bíblia*.

Para a segunda (*Teologias bíblicas*) e a terceira séries (*Bíblia como Literatura*), seguem sugestões de métodos de leitura e análise de textos significativos da Bíblia para cada tema, com sugestões de vídeos, CDs e material didático. O *Modelo de ajuda* contribuirá muito para que o multiplicador desenvolva um maior conhecimento de si e dos demais, desenvolvendo habilidades físicas, verbais e não verbais, preparando-se melhor para o serviço da Palavra.

Nesta obra, *Paulo, apóstolo de Jesus Cristo pela vontade de Deus,* o autor do livro, Valmor da Silva, apresenta a visão de Paulo sobre Deus, Jesus Cristo, a Igreja, a Salvação, a antropologia e a escatologia, embora não tenha a pretensão de apresentar um tratado sobre esses assuntos. Para tanto, Valmor segue a sequência cronológica na abordagem das sete cartas consideradas autênticas pelos estudiosos de Paulo: 1 Tessalonicenses, 1 e 2 Coríntios, Gálatas, Romanos, Filipenses e Filêmon. Isso não significa que as demais cartas atribuídas a Paulo não tragam alguns traços do seu pensamento ou de suas preocupações apostólicas.

De estilo simples, sem deixar de ser profundo, Valmor da Silva já é conhecido pela sua obra *Deus ouve o clamor do povo*, que abre a segunda série das *Teologias bíblicas* com a Teologia do êxodo. Vamos conhecer o pensamento de Paulo Apóstolo no seu contato com as comunidades por meio dos seus escritos, dirigidos às comunidades de Tessalônica, Corinto, Roma e Filipos, e ao líder de uma pequena comunidade cristã, Filêmon, cuja casa servia de lugar de reunião. As cartas enviadas por Paulo sempre tinham a preocupação de animar as comunidades, confortá-las nos momentos de perseguição e sofrimento, incentivá-las a viverem segundo a fé que haviam abraçado em Jesus Cristo.

O esquema básico que Valmor da Silva encontrou para apresentar o pensamento teológico de Paulo, por meio dos escritos, parte da realidade da comunidade. Segundo o autor, por exemplo, a comunidade de Corinto era "formada por pessoas simples e pobres, sobrevivendo em uma grande metrópole", na sua maioria escravos que levavam uma vida dura; nesse ambiente fazia sentido falar da cruz de Cristo, pois os membros da comunidade viviam em sua própria carne e só ela poderia ajudá-los a superar os conflitos internos e amenizar seu sofrimento. Em 1 e 2 Coríntios, Paulo, com base nessa realidade e à luz do Evangelho, dá uma orientação clara à comunidade, conforta-a, anima-a, exorta-a a viver na sua própria realidade a fidelidade ao Evangelho.

Valmor conclui com um capítulo dedicado aos escritos considerados deuteropaulinos e pastorais. As cartas deuteropaulinas são: 2 Tessalonicenses, Efésios e Colossenses; as cartas pastorais são: 1 e 2 Timóteo e Tito. Tanto as pastorais como as deuteropaulinas "refletem situações e problemáticas bem diferentes". Essas diferenças são percebidas tanto no vocabulário usado quanto na visão que apresentam de Deus, de Jesus Cristo, da Igreja e das relações fraternas. Nascem no final do século I, enquanto os escritos de Paulo são mais antigos, do final dos anos 50 e início dos anos 60 deste mesmo século.

Romi Auth, fsp
Equipe do Serviço de Animação Bíblica

Introdução

Paulo de Tarso pode ser analisado a partir de diferentes aspectos. Ele é rabino judeu, fariseu radical, evangelizador dos helenistas, cidadão romano, escritor exímio, missionário incansável, fundador de comunidades, pastor dedicado, fabricante de tendas, apóstolo de Jesus Cristo e mais.

Apresentamos Paulo teólogo. Inúmeras obras já fizeram dele um expoente da teologia, o primeiro e talvez o mais importante teólogo cristão. Mas em sentido estrito, Paulo não foi teólogo. Ele não escreveu nenhum tratado de teologia e não teve intenção de fazer uma obra teológica. Sua preocupação foi sempre prática e pastoral. Ao procurar, porém, soluções para os desafios concretos, o apóstolo se baseou em princípios de fé, fundamentou-se na Bíblia, inspirou-se em Jesus Cristo. Foi teólogo nesse sentido.

A leitura de suas cartas nos fornece material abundante para uma poderosa síntese, que podemos chamar de teologia paulina. Essa síntese é o que este texto pretende lhe apresentar.

Inicialmente você recebe o convite para conhecer a pessoa de Paulo, com ênfase na diversidade de influências e de características de sua personalidade. Ficará sabendo, em seguida, por que se pode qualificar o apóstolo como teólogo. E logo entrará nas articulações dessa teologia, para perceber, em síntese, como se desenvolve todo o projeto de Deus dentro de seus escritos.

O prato principal desse cardápio é a apresentação das epístolas paulinas. Elas são estudadas uma a uma, na medida do possível, em ordem cronológica, dando maior espaço às cartas consideradas autênticas.

Para cada carta segue-se o mesmo esquema, em três partes. Primeiramente algumas informações sobre a comunidade destinatária do escrito, depois uma síntese com as articulações teológicas gerais e, por fim, a proposta de alguns temas emergentes daquela epístola.

Todo esse esforço não passa de uma síntese. A eleição dos temas não obedece a critérios dogmáticos. Tampouco se pretende encontrar um tema unitário ou um fio condutor. A preferência fica pela espontaneidade e pela diversidade que os próprios textos inspiram.

A ideia norteadora é fazer uma teologia colada aos textos. Em outras palavras, cavar a situação concreta de cada comunidade, buscar as razões que moveram aquelas afirmações, deixar cada uma das cartas falar. Tudo isso para que o pensamento de Paulo possa apaixonar também a nossa vida.

Valmor da Silva

1
Retratos de Paulo

A foto pode sair diferente, conforme o ângulo utilizado. O mesmo Paulo tem fotografias diversas, porque diversificados são os modos de enfocá-lo. Conforme o método utilizado para interpretar seus textos, privilegia-se mais um ou outro aspecto. A modo de exemplo, apresentamos alguns retratos do apóstolo.

Conforme a fonte utilizada

De acordo com a fonte utilizada, varia a imagem de Paulo e, consequentemente, altera-se também a forma de interpretar a sua teologia.[1]

Temos o Paulo das cartas autênticas, isto é, o retrato que emerge daquelas cartas que ele escreveu, as cartas protopaulinas, indiscutíveis, que são: 1 Tessalonicenses, Gálatas, 1 e 2 Coríntios, Romanos, Filipenses e Filêmon. Nessas fontes destaca-se o Paulo mais escritor e teólogo. Elas serão privilegiadas no presente estudo.

Outro é o Paulo do conjunto das cartas canônicas, segundo o elenco das catorze epístolas a ele atribuídas, incluindo as chamadas deuteropaulinas. Essas são: Efésios, Colossenses e talvez 2 Tessanolicenses. Incluem também as chamadas cartas pastorais: 1 e 2 Timóteo e Tito. E abrangem finalmente Hebreus,

---

[1] Cf. WITHERINGTON III, Ben. *The Paul Quest*; The Renewed Search for the Jew of Tarsus. Leicester, Inter Varsity Press, 1998. p. 9.

que constitui um escrito à parte. Essa imagem de Paulo é mais complexa e possui aspectos contraditórios.

Distinto é o Paulo dos Atos dos Apóstolos, retratado por seu colaborador Lucas, médico e evangelista de cultura grega. Ele apresenta um Paulo mais missionário, preocupado com a abertura do Evangelho à cultura helenista.

Bem diferente, enfim, é o Paulo das fontes deuterocanônicas, como os Atos de Paulo e Tecla. Essas fontes são posteriores e retratam um Paulo ascético, místico e contemplativo.

Conforme a ciência que auxilia

Diversas ciências podem contribuir para uma melhor compreensão de nosso personagem. Pela psicologia ou psicanálise, nos caminhos abertos por Sigmund Freud e por Karl Gustav Jung, podemos entender a personalidade e o caráter de Paulo. Pela sociologia têm investido estudiosos como Gerd Theissen, lançando luzes sobre a sociedade da época e as comunidades paulinas. Pela antropologia adentraram-se estudiosos como Ernest Käsemann, entre outros, estendendo as buscas pelos costumes culturais do meio ambiente. A história acumula e analisa os dados para reconstruir o século I da era cristã. A teologia reúne e explicita as razões de fé que levaram Paulo a dedicar-se ao Evangelho. Essa é a nossa tarefa.

Conforme a cultura religiosa

Paulo pode ser lido como rabino judeu, pois judeu ele foi, e fariseu, com todas as características de tal identidade.[2] Ao assumir o cristianismo, não deixou de ser judeu e não abando-

---

[2] Cf. 1Cor 9,19-21; 2Cor 11,22; Gl 1,13-14, Fl 3,5-6.

nou o zelo religioso. Pelo contrário, como cristão, aferrou-se mais ainda às suas convicções.

Foi também o apóstolo dos gentios, inserido no pensamento helenista (Gl 1,16; 2,8-9). Ele escreve em grego, cita a Bíblia na versão dos Setenta, maneja a retórica e o raciocínio gregos.

Para nós, Paulo é cristão, convertido pelo Ressuscitado para divulgar sua mensagem. Seguidor radical do Mestre, tornou-se o servo fiel.

Mas dentro do cristianismo, bem diferente é a construção de são Paulo, católico, ou do apóstolo Paulo, protestante. Na Reforma Protestante ele assumiu uma posição central, sobretudo pela força de sua teologia, centrada em torno da graça divina.

O apoio da educação

Personalidade forte, vontade férrea, inteligência aguda, liderança incontestável, habilidade literária são algumas das características de Paulo. De onde lhe advém tudo isso? Vejamos algumas influências de sua educação.

Tarso, cidade natal de Paulo (cf. At 21,39; 22,3), era capital da Cilícia, grande centro comercial e estudantil, com população mista, atravessada pela via de ligação entre o Oriente e Ocidente, e pela navegação do rio Cidno.

Paulo pertencia a uma família judaica, fiel à lei, de corrente farisaica e de tradição benjaminita (cf. Fl 3,5). Seu nome de circuncisão era Saulo, traduzido na forma grega como Paulo. Da família, temos informações apenas sobre sua irmã e sobrinho (cf. At 23,16).

Suas primeiras escolas foram a casa paterna e a sinagoga. A formação familiar rígida fez com que aprendesse o alfabeto hebraico e *Shemá*, pelos cinco anos de idade. Como as demais crianças judias, foi treinado desde a infância nas Escrituras (cf. 2Tm 3,15). Logo aprendeu também o grego, língua corrente no comércio. Talvez tenha frequentado uma verdadeira escola.

Praticou, em sua cidade natal, a arte da tecelagem, como fabricante de tendas.

Ainda adolescente, deve ter ido para Jerusalém, onde estudou "aos pés de Gamaliel" (At 22,3). Jerusalém, helenizada desde Alexandre, era uma cidade cosmopolita, de cultura ampla e variada. Gamaliel era homem de grande autoridade (cf. At 5,34), filho ou neto de Hillel, representando uma escola mais moderada, em contraste com o rigorismo da escola de Shammai. Hillel permitia o divórcio por qualquer motivo e acolhia e ia ao encontro dos gentios.

Paulo aprendeu retórica, métodos de debate, argumentação escriturística, domínio do *midrash*. Seguia o método rabínico de interpretação, com leitura, tradução e citações ilustrativas. Foi um estudante-modelo, primeiro da classe (cf. Gl 1,14).

Como cidadão romano Paulo tinha *status* social e estava inserido na cultura e direitos da colônia (cf. At 16,37; 22,25-29). Como evangelizador, renunciou a essa posição de elite e se fez trabalhador. Não deixou, contudo, de apelar para a condição de cidadão romano quando necessário à evangelização.

Os principais influxos

Certamente foram muitas as ideias filosóficas e religiosas que exerceram influência sobre o pensamento de Paulo. Dentre elas, podemos detectar o judaísmo, em sua vertente farisaica, a filosofia, segundo a corrente estoica, e as religiões pagãs, pelos cultos dos mistérios.[3]

O judaísmo exerceu, certamente, a maior influência sobre a vida e o pensamento de Paulo. O radicalismo religioso o acompanhou durante toda a vida. Seu modo de escrever, de argumentar e de citar a Bíblia segue a formação judaica (cf. Gl 3,16). A vertente farisaica deixou nele marcas, como a crença na providência divina, no messianismo, na vida futura, nos anjos e demônios.

Por parte da filosofia, houve influência e distanciamento. Paulo talvez tenha simpatizado mais com o estoicismo, corrente dominante em seu contexto de infância. Para essa linha filosófica, Deus é um conceito abstrato e impessoal. A esperança futura inexiste e a salvação passa pelo próprio esforço e pela sintonia cósmica. Por isso prega a *apatheia* e *ataraxia*, espécie de indiferença e passividade diante da vida. O estilo da argumentação de Paulo pode conter características estoicas. Exemplo disso seriam as perguntas retóricas, as breves afirmações desconexas, a presença do opositor imaginário, as ilustrações dos atletas, da construção e da vida em geral.

Enfim, as religiões mistéricas, muito difundidas em todo o império naquela época, talvez tenham exercido alguma influência sobre a formação de Paulo. Esses cultos combinavam ideias e tradições religiosas do Egito, Grécia e Roma. Representavam uma alternativa tanto para quem considerava superstição os deuses da Grécia e Roma, como para quem considerava áridos e insípidos o estoicismo e outras filosofias. As religiões mistéricas, como a cristã, vieram do Oriente para Roma, ofereciam a "salvação", tinham rito de iniciação e refeição sacramental, chamavam a Deus de "Senhor", praticavam a hierogamia e a

---

[3] Seguimos: DRANE, John. *Paulo*; um documento ilustrado sobre a vida e os escritos de uma figura-chave dos primórdios do cristianismo. São Paulo, Paulus, 1982. pp. 15-24.

teofagia, e guardavam os segredos dos ritos. As diferenças, naturalmente, superam em muito as semelhanças.

Mas por que será que Paulo nunca fez anotações sobre a natureza, nunca viu, ou melhor, nunca escreveu suas considerações sobre uma árvore nem sobre um pôr do sol?

2
Paulo teólogo

Paulo, na verdade, não escreveu nenhum tratado teológico. Nem mesmo Romanos foi escrita como um manual de teologia. Quer dizer que Paulo não foi teólogo no sentido moderno do termo.

Se a primeira intenção de Paulo não era fazer teologia, sua preocupação central foi prática e pastoral. Tencionava formar, em torno a Cristo, um povo novo, com diferente consciência de suas relações com Deus e entre si. A isso podemos chamar de preocupação apostólica ou missionária. Seus principais esforços se concentraram em criar comunidades e animá-las de maneira constante. Procurava fazê-lo pessoalmente e só quando isso não era possível escrevia cartas. Nessas, visava sempre à solução de problemas específicos. Contudo, fazia-o baseado em princípios e convicções inabaláveis.

O conjunto de suas cartas permite, no entanto, colher uma forte síntese que denominamos teologia paulina. A partir daí ele pode ser visto como o primeiro teólogo cristão. Naturalmente as comunidades anteriores a ele pensavam teologicamente, mas foi ele quem deu estatura espiritual a esse pensamento. Antes da atuação do apóstolo, havia diversos círculos helenístico-judeu--cristãos que se empenhavam em viver a mensagem e refletiam o evento Jesus Cristo em suas vidas.

Paulo também não foi um teólogo sistemático, tal como hoje se compreende. Ele parte não de um sistema de doutrinas preconcebido, mas, sim, de convicções firmes e inabaláveis. Nesse sentido ele foi inovador. Lançou as bases do cristianismo.

Sobre alguns temas teológicos Paulo escreveu de maneira quase exagerada. Basta lembrar assuntos como fé, graça e liberdade. Sobre outros temas praticamente nada escreveu. Assim, por exemplo, não conhecemos sua ideia sobre a concepção virginal de Jesus. Outros temas não aparecem tão claros, teologicamente. É o caso do batismo pela água (cf. 1Cor 1,14-17) ou pelo espírito (cf. 1Cor 12,13).

Mas Paulo é dono de uma forte personalidade, capaz de integrar aspectos opostos e até contraditórios. Consegue manter clareza de convicções teológicas e ao mesmo tempo aplicá-las a situações ocasionais concretas. Faz o que se chama hoje teologia pé-no-chão, sem abandonar os princípios fundamentais.

Em qualquer situação, por mais contingente que seja, Paulo mantém a coerência de seu pensamento. Ele distingue, por sinal muito bem, de um lado as condições variáveis das pessoas e do outro os aspectos essenciais do projeto a ser construído. Discerne entre o essencial e o conjuntural, entre o central e o periférico, entre o perene e o contingente. Mas tudo isso sem perder o elemento integrador.

Por teologia, entendemos a argumentação teológica, isto é, a capacidade de desenvolver um raciocínio sobre as várias questões práticas, apresentando argumentos de natureza teológica. Fazer teologia é, pois, buscar o olhar de Deus sobre a realidade concreta. Nesse sentido Paulo faz teologia, lê a história e a vida das comunidades raciocinando a partir da transcendência.

Na argumentação teológica ele envolve a comunidade. Escreve como quem está conversando e supõe sempre a reação da pessoa que lê, ou que supostamente ouve. Supõe, portanto, um discernimento por parte das comunidades destinatárias.

Teologia implica, evidentemente, atitude de fé. Paulo se dirige a comunidades que creem.

A base da argumentação paulina é a Sagrada Escritura, que na época compreendia a Bíblia Hebraica, hoje conhecida como Antigo Testamento ou Primeiro Testamento. Como se dirigia a comunidades de cultura helenista, Paulo usava a tradução grega, conhecida como Septuaginta. Embora a Bíblia tenha, para ele, autoridade incontestável, ele adota um novo critério de interpretação, a fé em Jesus Cristo.

Sua argumentação é também retórica. Ele maneja com grande domínio a arte e os métodos do discurso literário. Eis porque se pode saborear a beleza de sua argumentação quando faz teologia.

Articulações da teologia paulina

O pensamento de Paulo se caracteriza mais pela criatividade que pela sistematização. Sua teologia é mais pastoral e menos teórica. Seus temas teológicos são tão diversificados quantas são as situações para as quais escreve. Por essa falta de sistematização, há diversas maneiras de organizar o seu pensamento teológico. Os resultados são diferentes, conforme o ponto de partida e os critérios adotados. Traçamos aqui algumas grandes linhas, para compreender como se articula essa teologia.[1]

Teologia da cruz

Apesar das diversas influências recebidas, é impossível determinar um ponto de partida racional para a teologia paulina. A chave de arranque de seu pensamento é a adesão de fé na revelação do Ressuscitado que invade a sua vida.

---

[1] Essa síntese teológica é baseada nas seguintes obras: BALLARINI, Teodorico. *Paolo*; vita, apostolato, scritti. Torino, Marietti, 1968. pp. 71-79. PARRA SÁNCHEZ, Tomás. *Paulo*; aventura entre os pagãos. São Paulo, Paulinas, 1996. pp. 49-86. FABRIS, Rinaldo. *Para ler Paulo*. São Paulo, Loyola, 1996. pp. 119-142. Para uma abordagem mais ampla, pode-se consultar: DUNN, James D. G. *A teologia do apóstolo Paulo*. São Paulo, Paulus, 2003.

Ele afirma que recebeu o Evangelho "por revelação de Jesus Cristo" (Gl 1,12), "do Senhor" (1Cor 11,23) ou por "tradições" (1Cor 11,2). Quase rejeitando a sabedoria humana (cf. 1Cor 1,18–2,16), ele se aferra à revelação de Deus por meio do Espírito (cf. 1Cor 2,10).

A experiência do caminho de Damasco foi decisiva para a sua teologia. Tamanha é sua importância, que Atos a repete três vezes (cf. At 9,1-18; 22,5-16; 26,9-18). As três seguem a estrutura narrativa de vocação. O fato supõe, certamente, um longo período de busca e de crise na vida de Paulo, mas aí está o momento decisivo. O apóstolo se reconhece separado desde o seio materno e chamado por graça para que Cristo se revelasse nele (cf. Gl 1,15-16).

Paulo não quer saber de outra coisa "a não ser de Jesus Cristo, e Jesus Cristo crucificado" (1Cor 2,2). O centro de sua teologia pode ser colocado em Jesus crucificado, com todas as consequências dessa afirmação. A teologia de Paulo, portanto, é uma teologia da cruz, mas de uma cruz gloriosa, porque vencida totalmente pela ressurreição.

A cruz é o centro gerador da teologia paulina. Tendo sido causa de escândalo (cf. 1Cor 1,23), ela transformou-se em motivo de orgulho (cf. Gl 6,14), princípio de salvação (cf. 1Cor 1,18-24) e de ressurreição (cf. Fl 3,10-11).

Cristologia

Paulo não conheceu Jesus pessoalmente, "segundo a carne", mas o conheceu como Filho de Deus a partir da ressurreição dos mortos, "segundo o Espírito de santidade" (Rm 1,4). Por isso o núcleo de sua mensagem é o querigma cristão, o anúncio da morte e ressurreição de Jesus.

Paulo fala de Jesus não como um teórico, mas como um enamorado. É um apaixonado por Jesus Cristo, sobretudo, pela sua paixão, morte e ressurreição que dá sentido à sua prática e às suas palavras. Jesus Cristo é para ele o Messias prometido, e adquire feições divinas. A própria Bíblia Hebraica é lida, por ele, em chave cristológica.

Jesus Cristo é preexistente, quer dizer, é a primeira criatura, faz parte do plano de Deus já antes da criação do mundo (cf. Ef 1,4; 3,9). A sua manifestação física no mundo, esperada por toda a criação (cf. Rm 8,19-21), realizou-se na plenitude dos tempos (cf. Gl 4,4). O plano global se concluirá quando Jesus devolver ao Pai um mundo inteiramente novo (cf. Rm 14,7-9; 1Cor 15,25.28). Nesse sentido ele é também a sabedoria de Deus, segundo a tradição da sabedoria personificada e preexistente (cf. 1Cor 1,18-25; Cl 1,15-20).

Jesus é o Filho de Deus (cf. Gl 2,20), Filho do Pai (cf. 1Ts 1,10), seu próprio Filho (cf. Rm 8,32), Filho de seu amor (cf. Cl 1,13). Jesus tanto é o Messias sofredor (cf. Gl 1,4; Fl 2,8) como é o Senhor glorioso (cf. 2Cor 13,4; Fl 3,10). Ele é o novo Adão (cf. Rm 5,12-21; 1Cor 15,45), o conciliador (cf. Ef 2,14-16), o Senhor (cf. Rm 10,9; 1Cor 12,3; Fl 2,11).

Soteriologia

O benefício que resulta do evento da cruz, pela morte e ressurreição de Jesus, é a salvação dos seres humanos.

Jesus realiza sua entrega de amor para que a humanidade seja salva (cf. Gl 2,20). Assim como Deus libertou os hebreus da escravidão do Egito, Jesus resgata os crentes da escravidão do pecado e da morte (cf. Rm 3,24; Gl 3,13; 4,5). De inimigos de Deus que éramos, na morte de Jesus somos reconciliados (cf. Rm 5,10). Mas a maneira mais eloquente de descrever a salvação é através da justificação pela graça, por meio da fé (cf. Rm 3,24-25; 5,9).

Eclesiologia

A consequência de todo o processo de salvação é a formação de comunidades. Paulo está convencido que em Cristo se forma o novo povo de Deus, reunindo gregos e judeus, escravos e livres, mulheres e homens. Isto significa que toda e qualquer pessoa, seja qual for a sua cultura, pode ser irmã ou irmão.

Para expressar essa realidade, ele usa a palavra *ekklesia*, que em grego indicava a assembleia de cidadãos livres de uma cidade. Mas as Igrejas cristãs são assembleias de Deus ou do Senhor, como a assembleia de Israel, convocada para constituir a aliança com Deus.

As comunidades cristãs são descritas como uma convocação de santos (cf. Rm 1,6.7). A imagem que exprime essa novidade é a do corpo humano. A Igreja é o corpo de Cristo ou do Senhor (cf. 1Cor 12,12-27).

Essas assembleias se reúnem em casas de família, em número relativamente reduzido. Aí celebram a ceia do Senhor (cf. 1Cor 11,20-25) e o rito do batismo (cf. Gl 3,27). No contexto do Império Romano, entretanto, constituíam novos espaços de convivência, diferentes manifestações culturais, verdadeiras sociedades alternativas.

Antropologia

Ante a nova realidade trazida por Cristo, o ser humano passa a ser nova criatura. Por isso a visão antropológica de Paulo é otimista e positiva.

A velha criatura desfez-se de sua veste antiga e revestiu-se de um manto novo (cf. Gl 3,27; Ef 2,15). A graça suplantou a lei (cf. Rm 5,20). As clássicas divisões de etnia, gênero e condição social foram superadas (cf. Gl 3,28). Em Cristo surgiu uma nova criatura, espiritual, agraciada, destinada à vida, para superar a antiga, carnal, pecadora e destinada à morte.

A pessoa que adere a Cristo, na fé, pela graça é enxertada nele e adquire uma natureza diferente. Todas as ações de Jesus passam a ser também ações da pessoa, da morte à ressurreição. Essa inserção em Cristo é realizada pelo batismo (cf. Rm 6,3-6). Outra forma de expressá-la é mediante a fórmula "por Cristo, com Cristo, em Cristo", inúmeras vezes repetida. Cristão, portanto, é a pessoa cristificada, que se propõe a caminhar no espírito.

Escatologia

Pela convicção de Paulo, se Deus ressuscitou Jesus, a era escatológica já começou. A realidade última ou definitiva está sendo vivida desde agora, pelas pessoas que aderiram à fé. Essa realidade é apresentada com expressões como herdar o reino de Deus ou participar de sua glória (cf. 1Cor 15,50; Rm 8,17; 1Ts 2,12), onde Deus será tudo em todos (cf. 1Cor 15,28).

3
1 Tessalonicenses: trabalho, conflitos e vinda de Jesus

Esta epístola é reconhecida como o primeiro livro do Segundo Testamento. Foi escrita pelo ano 51 ou 52. Antes mesmo dos evangelhos, ela abre a nova coleção de textos que serão aceitos como a Bíblia Cristã. Tem o toque da originalidade. Por esse fato, ganha importância exclusiva, com relação aos demais livros do cristianismo.

Há muitas controvérsias sobre 2 Tessalonicenses. Para alguns autores ela foi escrita logo após 1 Tessalonicenses; para outros, é bem posterior, sendo considerada deuteropaulina. Sem entrar nos detalhes da discussão, teremos presente, aqui, as duas cartas. Nosso estudo se concentrará, porém, sobre 1 Tessalonicenses. Quando nos referirmos a 2 Tessalonicenses, faremos menção explícita.

Outras correspondências e visitas podem ter sido trocadas entre os evangelizadores e os tessalonicenses. Dispomos apenas de duas cartas.

1 Tessalonicenses foi a resposta de Paulo, Silvano[1] e Timóteo às preocupações manifestadas pela comunidade por ocasião da visita de Timóteo.

---

[1] "Silvano é o discípulo que os Atos chamam Silas" (*Bíblia de Jerusalém*. 2Cor 1,19, nota).

De Corinto, "não podendo mais suportar" (1Ts 3,1), Paulo enviara Timóteo a Tessalônica. As notícias trazidas pelo cooperador eram positivas, mas havia algumas sombras no horizonte. Para clareá-las, escrevem a carta.

2 Tessalonicenses pode ter seguido 1 Tessalonicenses, pretendendo esclarecer dúvidas e reanimar a comunidade.[2]

Situação dos destinatários

Com localização geográfica privilegiada, Tessalônica possuía um dos melhores portos naturais do mar Egeu. A *via Egnatia*, que ligava o Oriente a Roma, atravessava o coração da cidade. Como colônia romana, atraía comerciantes ricos, latifundiários gananciosos e militares aposentados.

Tessalônica era uma típica cidade escravagista. A maioria, talvez dois terços, da população era escrava. Ser escravo significava pertencer a um patrão e, portanto, não ter direito de cidadania. Normalmente a escravidão não tinha os requintes de crueldade que teve a escravidão negra no Brasil.

A cidade era uma das maiores do Império Romano, no início da era cristã. Os próprios romanos, após conquistá-la em 146 a.E.C., fizeram dela a capital da Macedônia e impulsionaram o seu crescimento. Em 42 a.E.C. Augusto lhe concedeu o título de cidade livre. Com isso podia convocar a sua assembleia popular e ter os seus magistrados, chamados politarcas

---

[2] Para as informações sobre Tessalonicenses: CONFERÊNCIA DOS RELIGIOSOS DO BRASIL (CRB). *Viver e anunciar a Palavra*; as primeiras comunidades. São Paulo, CRB/Loyola, 1995. pp. 219-222 (Coleção Tua Palavra é Vida, 6). Para 1 Tessalonicenses: FERREIRA, Joel Antônio. *Primeira Epístola aos Tessalonicenses*. Petrópolis, Vozes/Sinodal/Metodista, 1991 (Coleção Comentário Bíblico). Para 2 Tessalonicenses: SILVA, Valmor. *Segunda Epístola aos Tessalonicenses*; não é o fim do mundo. Petrópolis, Vozes/Sinodal/Metodista, 1992 (Coleção Comentário Bíblico).

(cf. At 17,8). Embora essa situação lhe custasse a dependência ideológica de Roma, a cidade era juridicamente livre. A conseqüência positiva, para a população, era a possibilidade de reunir-se em assembleia, o que significava um relativo exercício de democracia.

Mas o tumulto e a agitação também sacudiam a cidade. Exemplo disso foi a saída forçada de Paulo, Silvano e Timóteo, por ocasião de sua primeira visita. Foram expulsos sob alegação de insurreição política aos decretos imperiais (cf. At 17,5-9). Os agitadores os perseguiram até a cidade vizinha de Beréia (cf. At 17,13).

Nos anos de evangelização da comunidade, a assembleia popular estava desativada. A proposta de Paulo e das pessoas que o acompanhavam pode ter sido entendida como um convite a reativar a assembleia, visto que a palavra *ekklesia* significa tanto assembleia quanto Igreja. E os termos paulinos não deixam dúvida de que ele queria formar uma assembleia ou uma irmandade em Tessalônica, como em outros lugares.

Encontramo-nos, portanto, em um típico centro urbano, em meio a pessoas marginalizadas, desejosas de reunir-se em assembleia para consolidar seus laços de unidade, reivindicar seus direitos e aprofundar sua fé.

A religião ganhava amplos espaços em Tessalônica. Havia antigos cultos populares locais, ao lado de divindades herdadas do olimpo grego. Não faltavam os deuses asiáticos, tais como Átis e Cibele, nem as divindades egípcias, como Serápis, Ísis, Osíris e Anúbis. Os cultos romanos eram obrigatórios, à capital e ao imperador, e tinham ainda fanáticos mais exacerbados.

De particular influência sobre a religiosidade popular de Tessalônica foi o culto a Cabiros. A simbologia que reveste este jovem herói divinizado pode ter exercido influência sobre a imagem de Jesus morto e ressuscitado, pregada na cidade. Cabiros fora assassinado pelos irmãos e enterrado com pompas de realeza. Nas pessoas mais humildes criou-se a expectativa de seu retorno. Ele viria oferecer libertação aos escravos, segurança no mar, sucesso na justiça e realização sexual.

Nos inícios da era cristã a classe alta de Tessalônica cooptou o culto a Cabiros, confundindo-o com o culto patriótico. Os trabalhadores perderam o seu benfeitor, e a classe pobre da cidade permaneceu órfã de seu deus. A mensagem cristã pode ter ajudado a preencher este vazio religioso que acabrunhava a população.

A presença de judeus na cidade era forte, a julgar pelas notícias que temos (cf. 1Ts 2,14-16; At 17,1). A sinagoga, casa de oração e estudo do judaísmo, tornou-se o ponto de referência para o apostolado paulino. Mas era também um centro de influência política. Reconhecido como religião lícita dentro do império, o judaísmo gozava de certa liberdade. Mantinham-se os costumes de celebrar o sábado e de ler e comentar a Bíblia. Também era permitido fazer proselitismo, isto é, integrar não judeus à religião judaica. Os prosélitos, embora não sendo judeus de origem, viviam os preceitos da religião e aceitavam ser circuncidados (cf. At 6,5; 13,43; Mt 23,15). Já os tementes a Deus ou adoradores de Deus eram simpatizantes do judaísmo, mas não aderiam à prática da lei e à circuncisão (cf. At 10,2). Foi junto a prosélitos e tementes a Deus que a missão de Paulo alcançou maior sucesso.

Articulações teológicas

1 Tessalonicenses não é uma carta teológica em sentido estrito. Quer dizer que sua preocupação, mais que teológica, é pastoral, tendo por objetivo animar e exortar a comunidade

cristã. Mesmo assim, suas motivações são teológicas, e alguns conceitos podem ser articulados pela leitura global da carta.

Os destinatários de 1 Tessalonicenses (e também de 2 Tessalonicenses) caracterizam-se como comunidade. Isso é frisado pelo fato de o livro ter sido escrito por três remetentes, Paulo, Silvano e Timóteo, caracterizados sempre no plural: nós. Isso também é confirmado pelo fato de a carta ser dirigida à Igreja de Tessalônica (cf. 1,1), sempre designada como vós ou vocês. Envio e recebimento comunitários demonstram o quanto esse aspecto é importante nessas cartas.

Trata-se de uma comunidade de irmãos, termo repetido 19 vezes em 1 Tessalonicenses e nove vezes em 2 Tessalonicenses. Não há uma hierarquia constituída nessa irmandade. Evidencia-se a presença de lideranças que se afadigam e animam os demais (cf. 5,12). Há um clima geral de carinho e afeto que perpassa todo o escrito. Além dos agradecimentos e elogios, os evangelizadores se comparam "a uma mãe que acaricia os seus filhinhos" (2,7) e "a um pai que exorta os filhos" (2,11). A relação entre mãe, pai e filhos é a imagem mais eloquente para expressar uma proposta de relações familiares na comunidade.

Esse retrato de fraternidade quer refletir o rosto de Deus estampado na carta. Deus é Pai (termo repetido 33 vezes) para designar que os seres humanos são irmãos. Jesus é o Filho (29 alusões), enfaticamente designado como Senhor, para marcar a oposição ao senhorio dos governantes romanos e para dizer que as relações cristãs não se baseiam nos esquemas de senhores e escravos. O Espírito (4 alusões) transmite a força da palavra e anima a comunidade para resistir à perseguição. O conceito de Trindade não aparece aqui tão definido como em escritos posteriores. Mesmo assim já é perceptível um esquema trinitário em 1Ts 1.

A comunidade de Tessalônica vive a fé, a esperança e o amor. As três virtudes são qualificadas, logo de início, ao agradecer aos tessalonicenses por manifestarem fé ativa, amor esforçado e esperança perseverante (cf. 1,3). A confissão de fé se expressa em sua formulação primitiva, de anúncio aos pagãos: conversão dos ídolos ao Deus vivo e verdadeiro, espera do julgamento de Jesus e certeza de sua ressurreição (cf. 1,9-10).

A ressurreição de Jesus recebe traços apocalípticos, é descrita como segunda vinda e ocupa amplo espaço no final da carta. Desse aspecto trataremos logo adiante.

Nova visão de trabalho

Dentre os diversos aspectos teológicos das epístolas aos Tessalonicenses, alguns merecem maior atenção. Passamos a destacar três temas que parecem mais evidentes nos textos e que possuem relevância para a atualidade: trabalho, conflitos e vinda de Jesus.

O tema do trabalho, nestes escritos, é bem mais inovador do que poderia parecer à primeira vista. A proposta paulina de trabalhar com as próprias mãos provocou uma verdadeira revolução na ideologia do império. E foi a causa, assim nos parece, dos conflitos e perseguições que se seguiram. Em consequência das novas relações de trabalho, vieram as tribulações, a partir das quais os cristãos apelaram para a parusia, isto é, para a segunda vinda de Jesus que os libertasse de tudo. Há portanto uma articulação entre os três temas, conforme nossa proposta.

O trabalho não tivera, na vida de Jesus, uma recomendação positiva. Além da frase "meu Pai trabalha até agora e eu também trabalho" (Jo 5,17) não há, nos evangelhos, recomendações para trabalhar. Ao contrário, Jesus tira pessoas de sua luta, para segui-lo, perambulando sem preocupações. Os discípulos devem comer e beber daquilo que as pessoas oferecerem, "pois o operário é digno de seu salário" (Lc 10,7). Ele alerta para outra prática: "Aprendei dos lírios do campo, como crescem, e não trabalham nem fiam" (Mt 6,28). E conclui: "Não vos preocupeis com o dia de amanhã" (cf. Mt 6,34). A parábolas dos trabalhadores propõe pagar o mesmo a quem trabalhou uma hora e a quem pelejou o dia inteiro (cf. Mt 20,1-15). Parece claro, portanto, que Jesus propunha um sistema diferente, com outras relações trabalhistas.

Paulo, por sua vez, inicia uma nova teoria e nova prática, contrária à de Jesus. Propõe-se, ele mesmo, a evangelizar trabalhando e a trabalhar evangelizando. Essa parece ser uma opção explícita na vida do apóstolo. Cidadão romano de nascença (cf. At 22,29), tendo estudado alguns anos na capital do judaísmo (cf. At 22,3), portador de tantos dotes intelectuais, por certo ele não precisava exercer um trabalho braçal. Entretanto teve orgulho de suas mãos calejadas (cf. At 20,34). Escolheu um trabalhado difícil, desgastante para as costas, para os dedos e para os olhos. Tecer o material para as tendas implicava trabalhar com o couro, em meio à sujeira e mau cheiro, o que, segundo a mentalidade da época, causava impureza.

Surge, então, uma nova reflexão teológica sobre o trabalho. 1 Tessalonicenses é a primeira testemunha. O anúncio cristão é proposto à classe trabalhadora da cidade (cf. 1Ts 4,11-12). São muitas as alusões ao trabalho, ao longo das duas cartas.

Já o elogio inicial se refere ao "trabalho" da fé, "fadiga" da caridade e "perseverança" da esperança (cf. 1Ts 1,3). O anúncio do Evangelho, bem lembrado, se deu em meio a "fadiga" e "trabalho árduo", noite e dia "trabalhando" (2,9). Logo a Palavra de Deus "energiza" a comunidade, de maneira operativa, produzindo efeito (cf. 2,13). De novo o anúncio é lembrado como "fadiga" (3,5). A ordem de "trabalhar com as próprias mãos" é explícita e faz parte das diretrizes constantes da pregação (cf. 4,11). A atividade das lideranças é apresentada como "afadigar-se" (5,12) e o respeito lhes é devido por causa de seu "trabalho" (5,13).

A prática do trabalho manual, árduo e fatigoso, soava como um tapa na cara do sistema escravagista da época. A mentalidade romana, herdada dos gregos, não permitia à classe alta trabalhar. Trabalho era coisa de escravo. Os cidadãos dedicavam-se às atividades intelectuais, ao chamado ócio.

Havia, na época, muitos pregadores, cidadãos livres que, como Paulo, perambulavam pelas cidades recebendo boa paga por suas instruções. Pode-se imaginar o impacto que causava o novo grupo que propunha trabalhar "para não sermos pesados a nenhum de vós" (2,9). Maior era o contraste, numa sociedade cuja honra estava em não trabalhar, ao propor "empenhai a vossa honra em levar vida tranquila, ocupar-vos dos vossos negócios, e trabalhar com vossas mãos, conforme as nossas diretrizes" (4,11). Era certamente uma provocação, dizer "assim levareis vida honrada aos olhos dos de fora, e não tereis necessidade de ninguém" (4,12). Com isso se invertia a mentalidade e o sistema da época.

2 Tessalonicenses nos conservou o texto bíblico mais claro sobre a visão cristã do trabalho (cf. 2Ts 3,6-15). Diversas motivações são aí apresentadas para que se trabalhe. Faz parte da tradição (v. 6), da imitação dos evangelizadores, em vista de uma nova ordem social (v. 7), para não comer de graça e não ser peso a ninguém (v. 8), é renúncia a um direito e exemplo a ser imitado (v. 9), é autossustento e condição para comer (v. 10), para não ficar à toa (v. 11), é ganha-pão (v. 12) e elimina a vergonha (v. 14).

A proposta de Paulo causou polêmica até mesmo com outros evangelizadores cristãos. Ele responde às acusações, questionando: "Ou somente eu e Barnabé não temos o direito de ser dispensados de trabalhar?" (1Cor 9,6). A defesa da pregação gratuita retorna em 2Cor 11,7; 12,13.14.16.

Outros textos paulinos tematizam o trabalho, sempre em vista de uma nova ordem social. O exemplo de pregação com trabalho manual está em 1Cor 4,12 (cf. At 18,3). O próprio trabalho artesanal é proposto como alternativa ao roubo, em vista da partilha, em Ef 4,28. A proposta da partilha aparece clara na afirmação: "Nós nos devíamos lembrar dos pobres, o que, aliás, tenho procurado fazer com solicitude" (Gl 2,10).

Conflitos e perseguições

A nova prática social devia provocar reações. E foi o que aconteceu. Conflitos não faltaram. Na leitura de 1 e 2 Tessalonicenses, prestando atenção à vida da comunidade que motivou essas cartas, salta aos olhos a situação de sofrimento em que se encontra. Diversas expressões traduzem essa realidade.

A Palavra foi acolhida, nesse ambiente, em meio a numerosas "tribulações" (1,6). O sentido do termo é angústia, perseguição, aflição, sofrimento, miséria. Os evangelizadores recordam que "sofreram" e foram "insultados" em Filipos, e que o anúncio do Evangelho, em Tessalônica, também se deu com grande "luta" (2,2). Os episódios de Filipos são descritos em At 16,19-24, e incluem espancamento e prisão, justificados por perverter os costumes romanos. A "luta" equivale à atividade dos atletas, nos estádios, o que implica também oposição e contestação.

Logo se reforça que este anúncio envolveu "trabalhos e fadigas", explicados como verdadeiro trabalho manual (cf. 2,9). A comunidade local é imitadora das comunidades da Judeia, pois "sofrem" aqui, da mesma forma como "sofreram" aquelas (cf. 2,14). Há sinais explícitos de que as pessoas são fortemente "perseguidas" (2,15). O termo não carece de esclarecimento, mas tem também o sentido de acusar, denunciar. As "tribulações" acumuladas ameaçam de desfalecimento (cf. 3,3). Já foram alertadas anteriormente de serem "atribuladas" (3,4). Os evangelizadores partilham, pessoalmente, da mesma "angústia e tribulação" (3,7). Angústia e tribulação são sinônimos, mas angústia traz o sentido de aflição, discórdia, aborrecimento, incômodo, trabalho duro. A animação da comunidade implica "afadigar-se" (5,12) com "trabalhos" (5,13).

Portanto, a situação de sofrimento da comunidade de Tessalônica é consequência de perseguição concreta. Os apóstolos partilham da mesma realidade. Nesse sentido, os tessalonicenses são imitadores seus e, portanto, também do Senhor (cf. 1,6). E não só, tornam-se ainda modelo a ser imitado pelas demais comunidades da Macedônia e da Acaia (cf. 1,7). O tema da imitação é teologicamente rico e mereceria uma abordagem à parte.

A carta procura, além do mais, apresentar uma explicação teológica para esse sofrimento, "pois bem sabeis que para isso é que fomos destinados" (3,3). O verbo aqui utilizado não se refere ao destino fatalista, mas diz fazer parte, ser constitutiva da vida cristã, a luta que gera tribulação. O sofrimento possui uma dimensão pneumatológica, isto é, envolve a alegria do Espírito Santo (cf. 1,6). E terá ainda um significado cristológico, a ser aprofundado em 2Cor 4, quando os cristãos são convidados, mesmo na perseguição, a olhar mais para a frente.

Qual a causa do sofrimento dos tessalonicenses? De acordo com as epístolas, esse sofrimento tem causa concreta. Há alguém que visivelmente o provoca.

Sabe-se que as perseguições e tribulações provêm, originalmente, do Império Romano, como se lê nas entrelinhas do texto (cf. 3,3.4.7). Há fortes dificuldades com os pagãos ou "gentios, que não conhecem a Deus" (4,5). Os confrontos com a liderança dos judeus também não são pequenos (cf. 2,14-16). Tudo isso é atribuído a satanás (cf. 2,18), que impede a caminhada, ou ao tentador (cf. 3,5), que seduz e inutiliza o trabalho de evangelização.

Parece evidente, portanto, que a comunidade de Tessalônica sofra a opressão de um sistema perverso e muito bem orquestrado. Nessa frente de ataques se juntam autoridades romanas e elites locais, de facções opostas, mas com interesses convergentes. É um esquema bem armado, satânico, no dizer da carta.

Em 2 Tessalonicenses este conflito é mais acirrado, com oposição aberta entre a "Igreja dos tessalonicenses" (1,1) de um lado e o "mistério da impiedade" (2,7) do outro. O confronto ganha cores apocalípticas, destinando os primeiros à glória com Cristo (cf. 1,10.12; 2,14) e os segundos à ruína eterna (cf. 1,9).

A vinda do Senhor

Afligidos por tantas perseguições, os cristãos de Tessalônica apelam para as ideias apocalípticas, muito difundidas na época, à espera de uma segunda vinda de Cristo. A carta dá amplo espaço a essas ideias.

Já de início se apresenta "Jesus que nos livra da ira futura" (1Ts 1,10). Logo Deus é aquele "que vos chama ao seu Reino e à sua glória" (2,12). Os adversários são de novo ameaçados com a ira divina, após encherem a medida de seus pecados (cf. 2,16). A vinda do Senhor está clara (cf. 2,19) e inclui todos os santos (cf. 3,13). É descrita ainda como vingança (cf. 4,6). Mas a concentração de elementos apocalípticos está de 4,13 a 5,11, texto que passamos a comentar. A conclusão da carta retorna à certeza da vinda do Senhor (cf. 5,23).

Na verdade estamos diante de dois textos, um sobre a situação dos vivos e dos mortos (cf. 4,13-18) e outro mais centrado no momento da vinda (cf. 5,1-11). São dois textos exortativos, pois visam despertar, na comunidade, alegria e vigilância diante do sofrimento e da morte. Mas para isso usam elementos da apocalíptica. Trata-se de uma linguagem figurada, misturando elementos judaicos e convicções cristãs.

Embora a afirmação central seja "que Jesus morreu e ressuscitou", o tema dominante é a sua vinda. Esta é envolvida por sinal do céu, voz de arcanjo, som de trombeta e encontro nas nuvens (cf. 4,13-18). Virá de surpresa como um ladrão, incontrolável como um parto, destinando à ira ou à salvação (cf. 5,1-11). A terminologia é típica dos apocalipses. O cenário se assemelha às descrições do dia do Senhor. Mas a verdade a ser transmitida é muito mais simples.

Parece claro, aqui, que os evangelizadores esperavam uma vinda próxima de Jesus, na qual estariam ainda vivos (cf. 4,15). Essa ideia transmite força e resistência diante do sofrimento. Os dois textos terminam com "consolai-vos" (4,18; 5,11). Ora, a certeza da vinda breve do Senhor só podia despertar uma atitude de vigilância ativa, como quem vive constantemente em plena luz do dia, preparado para a batalha como um soldado (cf. 5,8). Transparece aqui a ideia do Deus guerreiro, tão cara à mentalidade judaica, desde o êxodo, e tão explorada em toda a literatura apocalíptica.

Nos momentos de crise, os apocalipses fazem a crítica do sistema, de maneira simbólica e transmitem a mística da resistência. Nesse caso, a parusia, termo utilizado para a chegada do Senhor imperador, é aplicado à chegada do Senhor Jesus, o que abre um conflito frontal com o império. O sinal da chegada do político, ao som de música, é transferido para

Jesus. O *slogan* que mantinha a ideologia da *pax romana*: "paz e segurança" (5,3), é destruído repentinamente. Essas ideias dão aos tessalonicenses força para continuar resistindo.

Em 2 Tessalonicenses, a expectativa da chegada imediata de Jesus é afastada: "Quanto à vinda de nosso Senhor Jesus Cristo, e à nossa reunião com ele, rogamo-vos, irmãos, que não percais tão depressa a serenidade de espírito [...]" (2Ts 2,1-2). Nos textos seguintes, Paulo se concentrará sobre a teologia da Ressurreição, como em 1Cor 15. O tema, portanto, parece ter sofrido evolução em seu pensamento.

4
Coríntios: carismas na comunidade e mulheres na liderança

A correspondência entre Paulo e os coríntios deve ter sido intensa. Duas cartas nos foram legadas; outra pode ter-se perdido, conforme alusão em 1Cor 5,9. De acordo com as pesquisas, a atual 2 Coríntios reuniria diversas outras. Datar essa correspondência não é fácil. Há certo consenso, para 1 Coríntios, em torno do ano 56 ou 57. Paulo se encontrava em Éfeso. 2 Coríntios viria logo em seguida, de algum lugar da Macedônia.[1]

A realidade dos coríntios

Paulo deixara Atenas com a sensação de fracasso total (cf. At 17,32). Cabisbaixo, ele partiu para Corinto. Nenhuma outra reação o deixaria tão abalado quanto a dos filósofos da capital. As perseguições em alguns lugares e as pedradas em outros imprimiam ainda mais vigor ao seu caráter. Mas Atenas demonstrou-lhe com clareza que seu discurso não era para filósofos. E Corinto o convenceu definitivamente.

---

[1] Para interpretar 1 Coríntios: FOULKES, Irene. *Problemas pastorales en Corinto*; comentario exegético-pastoral a 1 Corintios. San José, DEI, 1996 (Lectura Popular de la Biblia). Para 2 Coríntios: COMBLIN, José. *Segunda Epístola aos Coríntios*. Petrópolis, Vozes/Sinodal/Metodista, 1991 (Coleção Comentário Bíblico). Para a relação entre a teologia de Paulo e a Escritura Hebraica: HÜBNER, Hans. *Teologia biblica del Nuovo Testamento*. Brescia, Paideia, 1999. v. 2 (*La teologia di Paolo*), pp. 129-265.

Aí Paulo permaneceu um ano e meio (cf. At 18,11). Teve tempo para acompanhar de perto o crescimento da comunidade, aprofundar suas convicções e escrever aos tessalonicenses.

Corinto, situada num istmo, possuía dois portos marítimos. Era a cidade mais rica da Grécia, com meio milhão de habitantes, capital da Acaia, centro cultural e artístico, ponte comercial entre Oriente e Ocidente. O comércio era a base da economia; as classes sociais eram bem definidas, e os escravos constituíam a terça parte da população.

As pessoas podiam se reunir em associações ou confrarias, chamadas *collegia*, conforme sua posição social, atividade econômica, condição étnica ou religiosa. O número variava entre quinze e cem membros, de acordo com cada associação. Reuniam-se em alguma "casa" e admitiam mulheres e crianças. Casa, além da construção, significava família em sentido amplo, incluindo parentes, amigos e escravos. As associações mais pobres se encontravam para realizar reuniões religiosas, ceias comemorativas, funerais decentes, e prestar culto a uma divindade comum. Eram frequentes as associações de pessoas da mesma profissão, como os ourives de Éfeso (cf. At 19,23-41). Viagens para comércio são exemplificadas pelas pessoas da "casa" de Cloé (cf. 1Cor 1,11) ou de Estéfanas (cf. 16,15-18).

Como artesão associado, Paulo se inseriu na vida da cidade. Dedicou-se ao trabalho manual, como fabricante de tendas. Juntou-se ao casal Priscila e Áquila, com quem partilhou aluguel e ideias. Quando Silvano e Timóteo chegaram da Macedônia, Paulo foi mais liberado para a Palavra (cf. At 18,5). Formaram um grupo, no estilo das atuais cooperativas, partilhando o mesmo trabalho e as mesmas propostas religiosas.

A comunidade de Corinto era, pelas evidências, composta de pessoas simples e pobres, sobrevivendo numa grande metrópole. Não havia, nesse meio, "muitos sábios segundo a carne, nem muitos poderosos, nem muitos de família prestigiosa" (1Cor 1,26). Escravos participavam sem problemas (7,21). Alguém se envergonhava porque "não tinha nada" para a ceia comum (cf. 11,22). Separavam a oferta de acordo com "o que haviam conseguido poupar" na semana (cf. 16,2). E passavam a formar o corpo de Cristo, "fossem judeus ou gregos, escravos ou livres" (12,13).

Logo essa comunidade cristã abalou as estruturas étnicas, patriarcais e hierárquicas, pelas diferentes pessoas que reuniu. Além disso, não era fácil ouvir a mensagem de Deus, de um homem de classe inferior, estrangeiro, trabalhador identificado com os demais artesãos.

As relações de Paulo com os coríntios tiveram momentos de grande tensão. A própria comunidade conhecia divisões e rixas internas (cf. 1Cor 1,11). Apolo, com sua oratória eloquente, criou um clima de concorrência (cf. 3,6). Há menção a uma carta escrita entre "muitas lágrimas" (2Cor 2,4) e à injúria de um "ofensor" (7,12). Pelos conflitos gerados, Paulo chegou a ser acusado diante do tribunal romano (cf. At 18,12-17).

A pesquisa religiosa revela a existência de templos, cultos, crenças e filosofias diversas em Corinto. A religiosidade popular se renovava com a inclusão dos mistérios orientais, com ritos secretos, experiências de êxtase e promessas de salvação. Ísis foi trazida do Egito, com seu consorte Serápis, mas ganhou *status* de deusa suprema. A astrologia contribuiu para a passividade e o determinismo. Não podia faltar o culto à Roma e ao imperador. Escolas filosóficas, semelhantes a associações religiosas, orientavam problemas pessoais. Com elas Paulo polemiza, por exemplo, em 1,20.23. Os judeus formavam uma forte associação e, por seus privilégios diante do império, despertavam ressentimentos.

Articulações teológicas

Também 1 e 2 Coríntios têm finalidade pastoral, antes de teológica. Mesmo assim, todas as instruções são motivadas por fundamentos teológicos.

1 Coríntios

1Cor 1–4 gira em torno da palavra da cruz, enquanto o capítulo 15 está centrado na ressurreição. A certeza da vitória final da vida sobre a morte faz Paulo propor o Cristo crucificado como centro da vida e da teologia cristã. A cruz de Cristo, além de percorrer todo o pensamento paulino, e em especial 1 e 2 Coríntios, domina 1Cor 1,17-31 e 3,18-23. Num jogo entre os conceitos sabedoria e loucura, duas realidades antagônicas, os valores são invertidos: enquanto a força humana vira loucura, a fraqueza do crucificado torna-se sabedoria e poder de Deus. Daí nasce a comunidade dos coríntios. Brotam daí todos os demais esforços. A cruz torna-se o critério de salvação ou perdição.

Ora, se a cruz de Cristo funda a comunidade, só ela pode ajudar a vencer as rixas, divisões ou partidos. A lógica da cruz se opõe à dos "príncipes deste mundo" (2,8) e derruba, portanto, as pretensões de poder que certamente estavam contaminando os coríntios. Na mística da cruz, são superados os conflitos da comunidade (cf. 1,10-16).

O trabalho apostólico é apresentado como tarefa de servidores (cf. 3,5), cooperadores (cf. 3,9), auxiliares e administradores dos mistérios de Deus (cf. 4,1).

Deus chama Paulo para ser apóstolo de Jesus Cristo (cf. 1,1), chama a comunidade para a comunhão (cf. 1,2.9.26), chama tanto judeus como gregos para formar unidade em Cristo (cf. 1,24). O tema da própria vocação, por sinal caro em outras passagens, salienta que Deus o "separou desde o seio materno e o chamou por sua graça" (Gl 1,15). Paulo nunca se refere ao seu chamado como um ato de conversão. O radicalismo com que ele aderiu ao Cristo estava em continuidade ao que ele trazia de suas convicções judaicas.

Os capítulos 5–7 abordam problemas práticos, relacionados ao corpo e à sexualidade, tais como incesto, fornicação, casamento e virgindade. Incluem também a questão dos processos em tribunais pagãos. Das admoestações práticas sobre esses fatos resulta a visão de corpo e sexualidade do apóstolo e de seu contexto.

1Cor 8, sobre as carnes sacrificadas aos ídolos, abre a possibilidade de reafirmar a unicidade de Deus, "pois sabemos que um ídolo nada é no mundo e não há outro Deus a não ser o Deus único" (8,4). Embora fale alto o monoteísmo, ao lado de Deus-Pai está um só Senhor, Jesus Cristo (cf. 8,6). A identificação de Jesus com Deus tumultuou a religião da época, pois não era fácil, para o judaísmo javista, aceitar o novo Messias.

O argumento de que o ídolo não é nada teria, como consequência, a relativização da importância de comer ou não a carne a ele imolada. Mas daí Paulo colhe o argumento para propor a liberdade cristã, com seus limites, no respeito a outras pessoas. Em tom de apologia pessoal, ele ilustra a sua liberdade total como solidariedade, seja com os judeus sob a lei, seja com os gentios sem a lei (cf. 9,19-23).

1Cor 11–14 trata de diversos aspectos da celebração, desde o comportamento exterior até a centralidade da ceia do Senhor (cf. 11), da diversidade de carismas (cf. 12) e supremacia da caridade (cf. 13) à importância de todos esses dons para o bem comum (cf. 14). A presença do Espírito se faz mais forte nessa seção, onde se encontram as bases da comunidade.

2 Coríntios

2 Coríntios, desarranjada em sua redação, ganha unidade teológica pelo tema do apostolado. Na comunidade de Corinto, a autoridade de Paulo era questionada (cf. 1Cor 4,3-5).[2] Ele defende seu título de apóstolo, apresentando como prova a própria comunidade de Corinto, além de sua fraqueza pessoal, que realça a força do Cristo.

Paulo defende a sua opção de evangelizar como trabalhador identificado com os pobres, e se gloria de sua fraqueza (cf. 2Cor 12,9-10). De igual modo o Cristo é aquele que "se fez pobre, embora fosse rico" (8,9).

2Cor 1,1–2,13; 7,5-16 engloba um assunto unitário, constituindo uma espécie de carta de reconciliação, depois de Paulo ter reagido a alguma ofensa. O episódio dá oportunidade para falar de tristeza e alegria, ofensa e reconciliação.

2Cor 2,14–7,4 se concentra na defesa do ministério autêntico, expondo uma espécie de teologia da missão.

2Cor 8–9 aborda duas vezes o tema da coleta. O mesmo assunto é tratado também em Rm 15,25-32 e em 1Cor 16,1-4. A prática da coleta oportuniza expor a teologia da Igreja ou eclesiologia. Para exprimir o que chamamos de coleta, Paulo usa justamente a palavra *koinonia*, que significa comunidade (cf. 8,4; 9,13; Rm 15,26), e *diakonia*, que traz o sentido de serviço (com doze ocorrências, 2Cor é o escrito do Segundo Testamento que mais usa esse vocábulo). A finalidade da coleta é "para que haja igualdade" (8,13.14).

Em 2Cor 10–13 Paulo completa sua apologia, ou seja, a defesa do seu apostolado. Na qualidade de pregador leigo, ele não tinha de fato nenhum título externo que o legitimasse. Mas

---

[2] Cf. 9,3; 2Cor 1,12–2,13; 4,13–6,13 etc.

os demais apóstolos tampouco possuíam, visto que não existia ordenação nem jurisdição. Enquanto uns diziam ter recebido a missão diretamente de Cristo, outros reclamavam para si essa exclusividade.

Paulo rouba o argumento dos seus acusadores e de novo se fundamenta na realidade de Cristo, fraco pela cruz, mas forte por Deus (cf. 13,4). Por essa lógica contesta as acusações com a própria fraqueza e com a força suficiente da graça (cf. 12,9). Em contraste com os motivos de honra dos demais, ele alega os seus motivos de glória: sua loucura ou insensatez, sua fraqueza e sua prática de trabalhar com as próprias mãos.

Carismas para a edificação comum

A comunidade de Corinto se caracterizou pela riqueza e diversidade de carismas. A vibração e o entusiasmo deviam tomar conta dessas pessoas formando uma Igreja verdadeiramente carismática. Os dons do Espírito floresceram a tal ponto que foi preciso dar amplas orientações a respeito.

A julgar por 1Cor 12–14, o assunto ocupa a parte mais longa da carta.

Quanto ao termo carisma, deriva da palavra *charis*, que significa "graça". Em seu sentido mais genuíno, carisma é dom gratuito. Os termos utilizados na carta, mais ou menos sinônimos, são: dons do Espírito, em grego *pneumatikos*, derivado de vento ou espírito (cf. 12,1); dons, em grego *charismata*, quer dizer os carismas ou as pessoas com carismas, implicando o sentido de dom gratuito (cf. 12,4); ministérios, em grego *diakonia*, que se traduz por serviço (cf. 12,5); modos de ação ou realizações, em grego *energemata*, de onde vem a palavra energia (cf. 12,6); manifestações do Espírito, em grego *phanerosis*, o mesmo que revelação (cf. 12,7).

Os carismas provêm do Espírito, ou do Senhor, ou de Deus (cf. 12,4-6). Haveria aí um esquema trinitário intencional? De qualquer forma, o que surpreende é a diversidade de dons, tendo o Espírito como fator de unidade (cf. 12,7-11). Cada qual possui o próprio carisma, original e diversificado, para servir aos demais (cf. 12,7).

O critério de unificação no Espírito é cristológico, ou seja, em Cristo os membros formam um só corpo (cf. 12,12.27). Acentua-se a diversidade, não a homogeneização. A comparação com o corpo possibilita corrigir a noção de hierarquia (cf. 12,14-21). O corpo humano era uma metáfora comum na literatura, para expressar a unidade política, do Estado ou da cidade. Aplicava-se normalmente para manter a ordem e a estrutura de domínio, da cabeça sobre as demais partes. Paulo inverte a metáfora e desfaz essas relações. Numa bela inclusão literária, começa pelo pé (v.15) e termina pelo mesmo pé (v.21). E estabelece novo critério de reconhecimento, a saber, "os que parecem mais fracos são os mais necessários" (12,22).

Mas caso alguém insista em algum dom preferido, 1Cor 13 esclarece: não há nada que supere o amor. O capítulo seguinte retorna às orientações práticas sobre os carismas a serviço do bem comum.

A julgar pelos textos, os carismas parecem típicos das Igrejas de cultura helênica. Nessas, a organização devia ser mais carismática e menos hierarquizada. As Igrejas de cultura judaica possuíam a organização da sinagoga. Por isso desenvolveram um esquema presbiterial.

No caso de Corinto, a forte presença de religiões mistéricas favorecia o crescimento de carismas, mas podia trazer confusão. Afinal era comum o êxtase nos cultos pagãos. Paulo quer estabelecer distinção entre os carismas pagãos e os cristãos. Aqueles levam à exaltação mística, com os riscos de inconsciência, êxtase, mania e orgia, o que não combina com a proposta da comunidade.

Constam, nas cartas paulinas, quatro listas de carismas: 1Cor 12,8-10; 12,28; Rm 12,6-8 e Ef 4,11. Tais listas, ao que parece, não querem ser completas, mas apenas ilustrativas. Somando tudo, chega-se a cerca de vinte carismas. A diferença entre eles nem sempre é clara. Como distinguir, por exemplo, sabedoria e ensino, doutor e mestre? Parece evidente que não há hierarquia de carismas, além do amor, é óbvio. Apóstolos, profetas e doutores constituem o fundamento, talvez por isso mereçam prioridade (cf. 1Cor 12,28). A profecia é o único carisma que consta nas quatro listas. De fato parece merecer certa primazia (cf. 14,1). O dom das línguas só se encontra em Coríntios, e está em último lugar nas duas listas. Em outros cultos, segundo consta, exploravam-se muito as manifestações folclóricas. Daí a sua relativização nas comunidades cristãs.

Permanece fundamental o carisma do amor, o dom por excelência. Para todos, entretanto, o critério básico é a edificação da comunidade. Esta se caracteriza pela comunhão de talentos individuais que cada pessoa coloca a serviço das outras.

Mulheres em missão com homens

Da cultura judaica, Paulo aprendeu que a pessoa humana forma uma unidade total, sem divisões dicotômicas. A filosofia grega, por seu turno, ensinou-lhe que o ser humano compõe-se de corpo e alma. A cultura judaica, além do mais, tratava o corpo com mais recato que a helenista. Qual terá sido a síntese, na cabeça do apóstolo?

Numa e noutra cultura, a visão de sexualidade era carregada de tabus e preconceitos. O patriarcalismo pesava, como até hoje o machismo. As mulheres, de modo particular, sofriam discriminações. Será que o entorno cultural de Paulo o ajudou a vencer essa situação?

Se por um lado não podemos fazer de Paulo um militante feminista, por outro parece injusto taxá-lo de machista e misógino (= avesso às mulheres), e menos ainda manipular seu pensamento contra as mulheres, como já tem sido feito abusivamente.

Mantendo sempre a sua convicção teológica da unidade a partir de Cristo, ele tira conclusões práticas, nas quais propõe a superação de divisões, sejam étnicas, econômicas, sociais ou sexuais. Chega a afirmar que "não há judeu nem grego, não há escravo nem livre, não há homem nem mulher" (Gl 3,28). Ao concluir a mesma carta, ele relativiza o valor fundamental da circuncisão e afirma que só importa a nova criatura (cf. Gl 6,15).

O valor do corpo manifesta-se em diversos aspectos. Ele se compara ao atleta que malha o próprio corpo para vencer a competição (cf. 1Cor 9,27). Gloria-se em mostrar: "Trago em meu corpo as marcas de Jesus" (Gl 6,17). Questiona: "Não sabeis que vossos corpos são membros de Cristo?" (1Cor 6,15). E amplia a comparação: "Vós sois o corpo de Cristo e sois os seus membros, cada um por sua parte" (12,27).

Os problemas de Corinto oferecem particular oportunidade para a reflexão teológica de Paulo sobre o corpo e a sexualidade. A pessoa é revestida de sacralidade, como templo de Deus e habitação de seu espírito (cf. 3,16-17). A comparação com o edifício sagrado retorna, a propósito da prostituição (6,12-20). Nesse contexto, outros argumentos são evocados, como a ressurreição corporal, a corporeidade de Cristo, a incorporação do Espírito Santo.

Por tão profundas convicções teológicas, seria estranho que Paulo mantivesse algum tipo de discriminação. Ele integrou, em suas comunidades, marginalizados das mais diversas categorias. Corinto é um bom exemplo disso. E com relação às mulheres não podia ter sido diferente.

A prática de Jesus deve ter influenciado muito o pensamento de Paulo. Mas também algumas aberturas culturais, que ele soube aproveitar, enriqueceram suas convicções.

Nas sinagogas da diáspora, onde Paulo iniciou seu apostolado, havia mulheres protagonistas, participando do conselho de anciãos (*presbitera*) e mesmo como chefes de sinagoga (*archisynagoge*). Ao concentrar suas atividades religiosas nas casas, o apóstolo promove o ambiente da liderança feminina.

Situação da mulher na sociedade de Corinto

Na sociedade de Corinto, em particular, as mulheres ocupavam lugar de destaque. Possuíam mais independência que na sociedade judaica tradicional e podiam gerir empresas ou administrar heranças. Basta lembrar Cloé (cf. 1,11) e, em Filipos, Lídia (cf. At 16,14).

No atletismo as mulheres se destacavam. Dos jogos ístmicos da época de Paulo, um pai deixou anotações de suas três filhas que venceram os duzentos metros. Participavam na modalidade da corrida e da condução de carros de guerra.

Também na religião atuavam intensamente, sobretudo nas religiões orientais, como a da deusa Ísis, egípcia, emancipadora da mulher. Essas novas religiões abriram espaço para as mulheres. O cristianismo não podia então fugir a essa influência. Lamentavelmente mais tarde voltou aos padrões machistas.

Na comunidade de Cencreia, porto de Corinto, Febe era *diaconos* e *prostatis*, diácona e patrona, dois termos que indicam ministério reconhecido na Igreja (cf. Rm 16,1.2). Seguindo a lista de Rm 16, Paulo saúda umas trinta pessoas, das quais dez são mulheres. Priscila e Áquila formam o casal cooperador que arriscou a própria vida em solidariedade com o apóstolo (cf. Rm 16,3-4). Andrônico e Júnia constituem outro casal de apóstolos exímios (cf. 16,7). E há Maria (cf. 16,6), Trifena, Trifosa e Pérside, que trabalharam muito no Senhor (cf. 16,12). Pérside é saudada como querida, e a mãe de Rufo como a própria mãe de Paulo (cf. 16,13). Há finalmente Júlia e a irmã de Nereu (cf. 16,15).

Na cidade de Filipos, Lídia liderava um grupo de mulheres que se reunia para louvar a Deus (cf. At 16,13). Na mesma comunidade, há um conflito entre duas mulheres, Evódia e Síntique (cf. Fl 4,2-3). O fato se deve, pelo que induz o texto, à capacidade de liderança das duas, que haviam ajudado na luta pelo Evangelho.

A mulher na comunidade de Corinto

O modo como Paulo trata as mulheres é de carinho e afeto, não de discriminação. Reconhece claramente suas responsabilidades e cargos, como colaboradoras, em pé de igualdade.

Na comunidade de Corinto, ele permite que elas orem e profetizem, isto é, que se pronunciem nas assembleias (cf. 1Cor 11,2-16). Se ele recomenda que cubram a cabeça, é para não serem identificadas com as profetisas dos cultos pagãos. Mas na mesma carta há outra afirmação, ordenando o silêncio das mulheres no culto (cf. 1Cor 14,34-36). É contraditório! Noutra passagem, na mesma carta, ele libera as mulheres para escolherem o próprio estado civil (cf. 1Cor 7,8.25.39), o que representava uma inversão da ordem patriarcal. De maneira mais ousada ainda, proclama a igualdade de direitos sexuais do casal, ao propor que a mulher disponha do corpo do marido, da mesma forma que ele dispõe do corpo dela (cf. 1Cor 7,3-4). Em todo o contexto paulino, soam estranhos dois textos, claramente contrários às mulheres. Um deles propõe a submissão dela ao marido (cf. Ef 5,21-24) e o outro impõe silêncio e submissão no momento da instrução (cf. 1Tm 2,9-15). Tais textos fazem parte dos chamados códigos domésticos, ou seja, instruções sobre o comportamento no âmbito da casa. Provêm da tradição filosófica e não combinam com a prática nem com o discurso de Paulo. Representariam uma tentativa de censurar Paulo? Lamentavelmente as gerações seguintes traíram a prática do apóstolo, e, pior ainda, a de Jesus. Como é possível, por motivos teológicos, manter a discriminação das mulheres? Teria Deus concedido limitadamente a elas a sua graça?

5
Gálatas:
a liberdade em Cristo

A carta aos Gálatas é um texto de raro vigor literário e profundidade teológica. Revela o caráter forte e apaixonado de Paulo, bem como suas convicções mais seguras. Sua datação oscila entre 53 ou 57, escrita provavelmente de Éfeso. Vários motivos fazem de Gálatas um texto interessantíssimo. A forma densa e breve facilita o seu domínio. Dados inéditos autobiográficos de Paulo permitem o confronto com Atos dos Apóstolos e informam sobre o seu relacionamento com Pedro. O caráter vigoroso do apóstolo, como um vulcão em erupção, derrama-se por inteiro pela carta. Texto literário incomparável, reúne amplas visões, dialética cortante, ironia mordaz, força da lógica, indagações veementes, afeto ardoroso, ternura afável, tudo difuso numa carta de irresistível potência. Temas centrais, como a justificação pela fé e a liberdade em Cristo, são apresentados com espontaneidade, animação e relevo. A epístola aos Romanos retomará os mesmos assuntos, mas já não se compara com o jeito impulsivo e veemente de Gálatas.[1]

---

[1] Para informações e chaves de leitura sobre Gálatas: CONFERÊNCIA DOS RELIGIOSOS DO BRASIL (CRB). *Viver e anunciar a Palavra;* as primeiras comunidades. São Paulo, CRB/Loyola, 1995. pp. 171-182 (Coleção Tua Palavra é Vida, 6). Também: BORTOLINI, José. *Como ler a Carta aos Gálatas.* São Paulo, Paulus, 1991 (Coleção Como Ler a Bíblia).

Quem eram e como viviam os gálatas

Há uma discussão sobre quem eram exatamente os gálatas, os destinatários desta carta. O resultado desse debate é importante para melhor conhecer a data, os problemas e o significado de certas afirmações.

Trata-se de uma espécie de carta circular, porque endereçada às "Igrejas da Galácia" (1,2). Mas qual era o território da Galácia e que povos o habitavam? Em sentido estrito, etnográfico, compreendia uma região bem delimitada, constituída pelo antigo reino da Galácia. Era a região da Ásia Menor, mais ao norte, em torno da atual Ancara, capital da Turquia. Em sentido mais amplo, administrativo e político, era uma província do Império Romano, ampliada com a anexação do Sul, abrangendo cidades como Antioquia da Pisídia, Icônio, Listra e Derbe.

A tendência da crítica é dizer que a carta foi dirigida a habitantes da província da Galácia em sentido estrito, pois o apóstolo se dirige a eles de maneira muito direta e personalizada.

Os povos que habitavam a Galácia foram estrangeiros desde a origem. Indo-europeus, provinham de um ramo dos celtas ou gálios, migrados para o planalto central da Ásia Menor, ainda na época grega, pelo século III a.C. Chegaram a constituir uma nação independente, até ser invadida pelos romanos, que se tornaram donos de todas as terras.

Estudos recentes informam sobre a fama da Galácia por seus mercados de escravos. Bem traduzido, isso significa que as pessoas não tinham segurança, estavam sujeitas a serem compradas e vendidas como mercadoria. A carta centra sua atenção na temática da escravidão e liberdade, e certamente alude a isso, quando refere: "Outrora, é verdade, não conhecendo a Deus, servistes (*douleo*) a deuses, que na realidade não o são" (4,8).

Portanto os Gálatas não viviam em seu território de origem. Suas raízes haviam ficado longe, na Europa. Vivendo noutras terras, em contato com povos diferentes, falavam uma língua "bárbara", como já diziam seus dominadores gregos.

Pelas informações da carta, dão mostras de ser um povo receptivo e hospitaleiro. Em sua primeira visita, Paulo estava doente, e bastante mal, pelo jeito, pois eles o acolheram como a um anjo ou como o próprio Jesus Cristo e teriam arrancado os próprios olhos para lhe dar (Gl 4,13-15).

Mas os Gálatas não chegavam a constituir uma única etnia e religião. Reuniam culturas diversas. Não tinham origem judaica, portanto desconheciam as tradições, costumes e religião desse povo. Paulo deve ter anunciado, pela primeira vez, uma prática religiosa ampla e livre, baseada no Cristo crucificado, portador de salvação para todos. Grupos de tendência radical, conhecidos como judaizantes, devem ter vindo em seguida pregar que para a salvação eram indispensáveis algumas práticas da lei hebraica, em especial a circuncisão. Isso representou, naturalmente, uma involução, para um povo que não praticava as tradições judaicas. E, pior ainda, tornaria inválida a cruz de Cristo, que Paulo apresentara como único meio de salvação. Tal é a situação que permite a ele expor, com veemência, o seu Evangelho.

Articulações teológicas: o Evangelho da liberdade

O problema a enfrentar é claro, por isso a reflexão teológica também não deixa dúvidas. Sem rodeios, a carta vai direto ao assunto, polêmica do início ao fim. Está em jogo o Evangelho de Paulo, a essência de sua vida e pregação.

O remetente começa apresentando suas credenciais, como apóstolo daquele Jesus que Deus-Pai ressuscitou dos mortos, e denunciando o mundo mau, do qual o ressuscitado quer libertar os gálatas.

Logo parte para o ataque, excomungando duplamente quem anunciar um Evangelho diferente, mesmo que seja um anjo do céu (cf. 1,8.9).

Para explicar o que é o seu Evangelho, Paulo começa pela sua experiência pessoal, testemunhando o que causou essa invasão do Cristo ressuscitado em sua vida. Apela para seu passado, a vivência zelosa no judaísmo e a perseguição à Igreja de Deus. Destaca a sua vocação, separado desde o seio materno e chamado a evangelizar os gentios, na esteira dos profetas Isaías e Jeremias (cf. 1,15). Em toda essa autodefesa inicial, o destaque é dado à revelação divina, frisando sempre que não foi por influência humana, nem a mando dos apóstolos que começou a atuar. Ele só depende de Deus.

Em Gl 2, Paulo continua denunciando os falsos irmãos que querem reconduzir à escravidão (cf. 2,4) e apresenta argumentos em favor de sua prática. Embora independente de todos e em pé de igualdade com Pedro, ele atua de acordo com a opinião dos notáveis, após a assembleia em Jerusalém, selada com aperto de mão. Essa seção mais pessoal é concluída com o anúncio central do seu Evangelho, aplicado à sua própria vida: "Sabendo, entretanto, que o homem não se justifica pelas obras da lei, mas pela fé em Jesus Cristo, nós também cremos em Cristo Jesus para sermos justificados pela fé em Cristo e não pelas obras da lei, porque pelas obras da lei ninguém será justificado" (2,16). É o que ele irá explicar em seguida.

Para argumentar em favor da justificação pela fé, Gl 3 começa apelando para a experiência concreta da comunidade. Essa não tinha tradição judaica, nem de prática da lei. Só a sedução do mau-olhado podia levá-la a isso. Embora fale a não judeus, Paulo argumenta com a Escritura Hebraica, fazendo aplicações ou atualizações da Bíblia, o que era conhecido como *midrash*. A primeira aplicação mostra que Abraão foi justificado pela fé, não pela lei, pois ele é de fato anterior à lei mosaica (cf. 3,6-14); a segunda demonstra como a promessa feita a Abraão se cumpriu em Jesus (cf. 3,15-18); a terceira aprofunda essa relação, demonstrando que quem crê em Cristo é também herdeiro e, portanto, filho de Abraão (cf. 3,29–4,7); e a quarta aplicação compara os dois filhos de Abraão, Ismael, filho da escrava Agar, e Isaac, filho da esposa Sara (cf. 4,21-31). A conclusão "não somos filhos de uma escrava, mas da livre" (4,31) faz a passagem para a parte seguinte: "é para a liberdade que Cristo nos libertou" (5,1).

Gl 5 tira conclusões da argumentação bíblica anterior. Se os gálatas aceitarem a circuncisão, estão submetendo-se à escravidão e invalidando totalmente a graça (cf. 5,1-12). Enfim, a liberdade tem um rumo, a caridade, que significa servir como escravos uns aos outros (cf. 5,13).

O último capítulo (Gl 6) fecha o texto com algumas recomendações práticas e apelos pessoais do apóstolo que se despede mostrando: "Trago em meu corpo as marcas de Jesus" (6,17).

Liberdade em Cristo

Dois grandes temas teológicos se articulam em Gálatas. O primeiro é a afirmação inequívoca de que a justificação se dá pela fé em Jesus Cristo e não pelas obras da lei. Daí decorre o segundo, a declaração de que foi para a liberdade que Cristo nos libertou.

A carta coloca os gálatas, e todas as gerações cristãs, diante do dilema: ou a lei, ou Jesus Cristo. Se optarem pela lei, deverão cumpri-la de maneira integral e irrestrita. Nesse caso, a cruz de Cristo se torna inútil. Mas se optarem por Cristo, o caminho será a liberdade.

Na proposta cristã, não teria lugar a circuncisão, pois essa continuaria representando sinal de pertença a um grupo étnico. Além disso, continuaria marginalizando as mulheres, que não eram circuncidadas. E a carta proclama a superação das barreiras étnicas, sociais, econômicas e sexuais (cf. 3,28).

Ora, a salvação é oferecida por Deus gratuitamente, em Cristo, e por isso liberta de qualquer outro laço. Essa verdade deve ter sido forte demais para os gálatas. E não continua sendo ainda hoje? Parece mais fácil e mais seguro cumprir rituais, seguir normas e observar constituições. Viver a liberdade em Cristo é um desafio grande demais. Há momentos em que não se sabe o que fazer com ela.

Paulo propõe a liberdade total em Cristo. Nela, só o amor é o limite. Assim sendo, a justificação vem pela fé e se concretiza no amor, "pois, em Jesus Cristo, nem a circuncisão tem valor, nem a incircuncisão, mas a fé agindo no amor" (5,6). O chamado à liberdade implica necessariamente o amor, quer dizer, em servir como escravos uns dos outros (cf. 5,13).

Escravidão era uma realidade bem conhecida pelos gálatas. A carta explora bastante essa linguagem. Usa onze vezes os termos relativos a escravo, escravidão, escravizar (*doulos*) e cinco vezes o correspondente a escrava (*paidiskes*). As palavras que significam livre, liberdade, libertar (*eleutheros*) são empregadas onze vezes. Outras imagens para expressar escravidão e libertação traduzem-se por deixar-se conduzir não pelos instintos, mas pelo espírito (cf. 5,16-18; 6,8). Também a figura do parto, gerando nova criatura, é eloquente no sentido de simbolizar a liberdade (cf. 4,19.27).

Vamos percorrer a carta, fazendo uma varredura pelas expressões de escravidão e libertação. Paulo se apresenta, pessoalmente, como escravo de Cristo (cf. 1,10). Com o mesmo título se apresentará aos romanos (cf. 1,1) e aos filipenses (cf. 1,1), uma das chamadas cartas da prisão. A carta a Tito dirá "Paulo, escravo de Deus" (1,1).

A atitude denunciada nessa carta é tão abominável, que o autor a atribui a intrusos e falsos irmãos, num gritante contraste com o tratamento fraterno dado à comunidade, em toda a carta. Reage a eles porque "se infiltraram para espiar a liberdade que temos em Cristo Jesus, a fim de nos reduzir à escravidão" (2,4). Ora, uma vez aceita a fé, pela graça, não há mais lugar para a lei, que tinha o papel de pedagoga, ou seja, tarefa de conduzir a Cristo. "Chegada, porém, a fé, não estamos mais sob pedagogo" (3,25). O pensamento paulino chega a um ponto central quando conclui que, pela fé, no batismo, as pessoas foram revestidas de Cristo e, portanto, "não há judeu nem grego, não há escravo nem livre, não há homem nem mulher" (3,28). Não consta, aí, uma proposta clara de superação de diversas discriminações, até mesmo das relações de escravidão?

Outra conseqüência da chegada de Jesus é a filiação divina, isto é, sob o regime da lei as pessoas são escravas, enquanto no regime da graça tornam-se filhas. Na mesma comparação, em nada difere a situação da criança e da pessoa escrava, visto que ambas, na época, não gozavam do direito de cidadania. Mas com a chegada de Cristo, assim como o escravo torna-se livre (cf. 3,28), o menor de idade torna-se herdeiro (cf. 4,1-7).

No mesmo contexto, Paulo arrisca outra comparação provocante, colocando a submissão à lei da circuncisão no mesmo nível da submissão aos elementos do mundo (cf. 4,3). Esses elementos são os corpos celestes, evidente alusão às crenças astrológicas. Por isso o questionamento tão forte à intenção de continuar sendo escravos (cf. 4,8.9).

A alegoria dos dois filhos de Abraão, o da escrava e o da livre, dá oportunidade para uma demonstração de exegese rabínica, ou *midrash*, jogando com o contraste entre escravidão e liberdade (cf. 4,22-31). Embora questionável em seus detalhes, a comparação ilustra, com a Escritura, que o herdeiro legítimo de Abraão foi Isaac, filho da esposa Sara, e portanto livre. Ele representa agora a nova aliança.

Gl 5 concentra o tema da liberdade em duas fortes afirmações. A primeira declara categoricamente: "É para a liberdade que Cristo nos libertou" (5,1). A segunda, não menos forte: "Vós fostes chamados à liberdade, irmãos" (5,13). Os dois gritos de liberdade estão acompanhados com o alerta de não se deixar escravizar novamente. Em meio às duas declarações está "a fé agindo pelo amor" (5,6).

A proclamação da liberdade cristã, em termos tão cristalinos, podia abrir margem à libertinagem. Para se defender de possíveis interpretações libertinas, Paulo explica com clareza "que a liberdade não sirva de pretexto para os instintos, mas, pelo amor, colocai-vos à escravidão uns dos outros" (5,13).

Para clarear mais ainda seu pensamento, expõe as consequências dos instintos egoístas, que ele chama de carne, e as consequências da vivência cristã, denominada espírito. Faz isso através de duas listas, uma de vícios e outra de virtudes. Os vícios são o fruto da chamada carne, o egoísmo humano ou a escravidão (cf. 5,19-21) e as virtudes são fruto do espírito, que é amor e liberdade cristã (cf. 5,22-23). A prática de compor esse tipo de listas era típica dos filósofos, sendo rara em Paulo e ausente nos evangelhos. Afinal, não é fácil listar todos os possíveis vícios, nem as virtudes realizáveis. A liberdade cristã, concretizada no amor, tão rica e criativa, ultrapassa os limites de qualquer elenco.

6
Romanos:
a justificação pela fé

Romanos se fixou como a primeira epístola do cânon paulino. Esse fato é significativo por diversos motivos. Trata--se da carta mais longa de Paulo e representa o ápice da teologia paulina. O tema central, a salvação pela fé em Cristo, sem as obras da lei, já anunciado em Gálatas, é aqui desenvolvido de maneira completa e positiva. Roma é a capital do Império Romano e marca o ponto de chegada de Paulo e de sua mensagem. Sediou uma Igreja de importância única para o cristianismo.

Cálculos e estudos nos levam a crer que a carta tenha sido escrita em Corinto, no inverno de 57 para 58, num período de calma na vida do apóstolo.[1]

Para conhecer a comunidade destinatária

Paulo não conhecia pessoalmente os romanos, destinatários da carta. Escreve para preparar sua visita, de passagem para a Espanha (cf. Rm 15,23-24). Realizou o primeiro sonho como prisioneiro, o segundo ficou perenizado no ideal missionário. Sua intenção, contudo, é de novo mais pastoral que

---

[1] Para uma análise da comunidade: WEGNER, Uwe. Aspectos socioeconômicos na Carta aos Romanos. *Estudos Bíblicos* 25 (Petrópolis, 1990), pp. 43-57. Para um comentário sintético e abrangente: PILCH, John J. Romanos. In: BERGANT, Dianne & KARRIS, Robert J. (orgs.). *Comentário bíblico*. São Paulo, Loyola, 1999. v. 3, pp. 177-192. Para a tese central de Romanos: TAMEZ, Elsa. *Contra toda condenação*; a justificação pela fé, partindo dos excluídos. São Paulo, Paulus, 1995.

teológica. Na capital do império, reúne-se uma importante Igreja, pelas evidências, a tal ponto florescente, que sua fé, "é celebrada em todo o mundo" (1,8; 16,19).

Sobre as origens da comunidade cristã em Roma, quase nada sabemos. Uma hipótese é que os "romanos de passagem" (At 2,10) em Jerusalém, no Pentecostes, tenham retornado a Roma e constituído o primeiro núcleo daquela Igreja. Provavelmente uns dez anos após a ressurreição já havia comunidades cristãs na capital. Essas eram, originalmente, assembleias judaicas que foram aceitando a reforma cristã. Pelo registro histórico de Suetônio, sabemos que elas entraram em confronto com outros grupos de judeus, por causa de um certo *Chrestus,* o Cristo. No ano 49, quando Cláudio expulsa judeus de Roma, são expulsos também cristãos, como o casal Priscila e Áquila, conhecidos por Paulo na comunidade de Corinto (cf. At 18,1-3; Rm 16,3-4).

Mas as comunidades de Roma cresceram significativamente pelo ingresso de gentios (cf. 1,5-6.13; 11,13 etc.). Esses foram aceitos em igualdade com os cristãos vindos do judaísmo. O fato gerou polêmica ao interno da comunidade (cf. Rm 16,17-18). Judeu-cristãos e étnico-cristãos entraram em conflito, colocando Paulo no centro do debate. Ele foi acusado de revogar a lei de Moisés, e a carta aos Gálatas seria a prova. O apóstolo escreve então para esclarecer suas posições.

Paulo se dirige, visivelmente, a antigos pagãos. Esses, ao que parece, tendiam a desprezar os judeu-cristãos, não reconhecendo o valor real da lei antiga, e escarnecendo dos fracos que se sentiam ainda ligados a ela.

Contudo, pelo que consta, não havia na comunidade grandes contrastes doutrinais ou práticos. Não vemos aqui judaizantes agressivos e intransigentes como em Gálatas. É sobretudo aos étnico-cristãos que Paulo recomenda caridade e compreensão para com a outra parte; a qual, por sua vez, não deve estar apartada do resto da comunidade.

A colônia judaica era muito forte em Roma, no início da era cristã. Calcula-se onze sinagogas, congregando quarenta mil membros. Os cristãos inicialmente não tinham templo. Reuniam-se em casas (cf. Rm 16,5.10.11.14.15), formando possivelmente várias comunidades dispersas pelos subúrbios da capital. Os diversos serviços ou ministérios eram exercidos pelos membros das comunidades, homens e mulheres. Havia a diaconisa Febe (cf. 16,1), a apóstola Júnia (cf. 16,7), além das demais mulheres que trabalhavam arduamente na evangelização (cf. 16,12). Curiosamente, o nome de Pedro não consta na carta. Não teria ele ainda chegado a Roma naquela época?

Na data da carta aos Romanos, a capital vivia a época feliz em que Nero, ainda aconselhado por Sêneca, assegurava ao império uma sábia administração. A população condensada em Roma é calculada pelos historiadores em cerca de um milhão de habitantes, na maioria plebeus e libertos, mas sobretudo com uma grande massa de escravos.

Pela atmosfera moral, o catálogo de todos os vícios do paganismo se aplicava a Roma, tanto quanto a Corinto (cf. Rm 1,24-32). Sêneca pintou em termos incisivos a população cosmopolita de Roma: a cidade era superpovoada; de todas as partes do império chegavam aventureiros, conduzidos pelas ambições de cargos públicos, pela sede de prazeres e pelo desejo de fazer fortuna. Em que categoria ele classificou os cristãos? Sabemos que estes se recrutavam nos baixos quarteirões dos estrangeiros, e afluíam de todas as províncias.

Pesquisas arqueológicas sondaram Roma e seus arredores, para saber onde se concentravam as primeiras comunidades cristãs. Os resultados revelam uma tendência para a periferia, particularmente próximo às vias de entrada da cidade. Eram em geral zonas superpovoadas, com registro de insalubridade e alta porcentagem de casas de aluguel. Isso indicaria, para as comunidades de Roma, uma origem social de periferia urbana. Só a partir do século III as evidências topográficas confirmam a presença de cristãos nas regiões centrais, sobre as famosas colinas romanas. O dado coincidirá com o momento em que a cruz cede lugar à coroa.

Pela informação de Atos dos Apóstolos, ao chegar em Roma sob custódia militar, Paulo residiu, por dois anos, numa casa alugada (cf. At 28,30). Na própria carta o apóstolo recomenda "tomar parte nas necessidades dos santos, buscando proporcionar a hospitalidade" (Rm 12,13). Práticas comunitárias de generosidade são confirmadas pela constatação segundo a qual "aquele que distribui seus bens, que o faça com simplicidade" (12,8). A epístola recomenda também o pagamento dos tributos, tanto as taxas obrigatórias a toda a população quanto os impostos cobrados de estrangeiros ou peregrinos (cf. 13,6-7). O capítulo final (16) elenca a presença de vários estrangeiros participando das comunidades cristãs em Roma.

A análise da lista de nomes de Rm 16,8-16 confirma também uma considerável proporção de pessoas ligadas à condição de escravos. Ao longo de toda a carta, não são poucos os recursos à terminologia da escravidão (cf. 1,1; 6,16-20; 9,12 etc.), o que poderia ser indicativo para a realidade das próprias pessoas da Igreja.

O texto não faz referência explícita à gente rica e quando fala de riqueza o faz em sentido figurado. O que predominava nas comunidades romanas, sem dúvida, era o senso de partilha dos bens, exercício da misericórdia (cf. 12,8) e prática da hospitalidade (cf. 12,13). Um retrato-relâmpago da comunidade poderia estar na frase: "Tende a mesma estima uns pelos outros, sem pretensões de grandeza, mas sentindo-vos solidários com os mais humildes: não vos deis ares de sábios" (12,16).

Síntese teológica: justificação pela fé

Sendo a epístola aos Romanos o texto paulino mais denso teologicamente, propõe-se aqui uma síntese, para perceber como se desenvolve o conjunto do pensamento.

Na longa saudação (cf. 1,1-7), Paulo se apresenta como servo e apóstolo do Evangelho de Deus, trazido pelo Cristo, morto de maneira vergonhosa, mas ressuscitado pelo poder divino. A ação de graças (cf. 1,8-15) também se estende com uma prece, permeada pelo anseio de partilhar, com a Igreja de Roma, a mesma fé salvadora. Esse preâmbulo prepara a afirmação teológica central da carta: "Na verdade, eu não me envergonho do Evangelho: ele é força de Deus para a salvação de todo aquele que crê, em primeiro lugar do judeu, mas também do grego. Porque nele a justiça de Deus se revela da fé para a fé, conforme está escrito: O justo viverá pela fé" (1,16-17).

Segue a ilustração da vida humana sem Cristo. Os pagãos, vivendo sob a lei do império, amargam uma situação sem rumo, e encontram-se sob a ira de Deus (cf. 1,18-32). Os judeus não fogem à mesma ira divina, pois vivem sob a lei mosaica e também não conseguem cumpri-la (cf. 2,1–3,20). Subjugados ao regime da lei, encontram-se todos num sistema de pecado.

Qual a saída? Pela fé em Jesus Cristo, Deus quer salvar a todos, gratuitamente, por sua graça. "Porquanto nós sustentamos que o ser humano é justificado pela fé, sem as obras da lei" (3,28).

A confirmação da tese é verificada no exemplo de Abraão, que foi justificado por Deus muito antes da circuncisão e por isso tornou-se pai da fé, modelo para todas as pessoas que creem, quer pagãos, quer judeus (cf. 4,1-25). Pela necessidade de duas testemunhas para confirmar a declaração, também Davi é evocado por meio de um salmo que ratifica a justificação de Deus sem as obras da lei (cf. 4,6-8).

A graça divina, salvadora, permite o sentimento de satisfação, "tendo sido, pois, justificados pela fé, estamos em paz com Deus por nosso Senhor Jesus Cristo" (5,1). Por isso nos gloriamos em Deus e nos orgulhamos até mesmo nas tribulações sofridas.

Novamente a carta recorre a duas figuras que funcionam como modelos ou tipos (cf. 5,12-21). Neste caso, trata-se de protótipos ou antítipos, isto é, duas figuras em contraste, para contrapor a situação de lei, pecado e morte, à situação de liberdade, graça e vida. Se por um lado Adão prefigura o ser humano falido, por outro Cristo representa a humanidade agraciada por Deus.

Batizados em Cristo, os cristãos são inseridos no destino dele, destino de morte e ressurreição (cf. 6,1-11). A transformação operada pelo batismo tem consequências existenciais. Morta para o pecado, a pessoa sepultou essa vida extinta e não pode mais retornar a ela. Passou a viver a nova fase, de ressuscitada. "Considerai-vos mortos para o pecado e vivos para Deus em Cristo Jesus" (6,11).

Nos termos culturais da época, a pessoa que está em Cristo tornou-se livre da escravidão do pecado, em vista da liberdade cristã. Isso significa, dentro do mesmo sistema, permanecer escravo exclusivamente de Deus, o que traz "como fruto a santificação e, como desfecho, a vida eterna" (6,22).

Livre do pecado e da morte, a pessoa que vive em Cristo está livre também da lei. É o que vai ser explicado em seguida.

Boa em si mesma, a lei se transformou em instrumento negativo; por quê? Porque ela passou a ser utilizada pelo pecado, que opera por meio dela. Portanto, além de não conceder a justificação, a lei até favorece a submissão ao pecado (cf. 7,12-13).

A vida no Espírito

O clímax teológico da carta é a descrição da vida no Espírito, que é a graça de Deus atuada, mediante Cristo ressuscitado, na vida dos cristãos. O Espírito domina este capítulo (8), com 21 repetições, sendo que nos sete capítulos anteriores a palavra Espírito ocorrera cinco vezes. Espírito contrasta com carne, isto é, com instintos humanos, que tendem ao egoísmo. Além disso, liberta as pessoas para serem filhas de Deus e herdeiras, chamando-o afetuosamente de Pai. Essa nova vida envolve toda a natureza, que participa do mesmo Espírito de libertação.

O teólogo volta-se para a Escritura Hebraica, discorrendo sobre a função histórica de Israel, nem sempre fiel às promessas de salvação. Começa com um desabafo pessoal e logo elenca as sete dádivas que Deus lhes concedeu: "A adoção filial, a glória, as alianças, a legislação, o culto, as promessas, os patriarcas" (9,4-5). A dádiva que provém das demais e está acima de tudo é o Cristo. Para confirmar a fidelidade de Deus às suas promessas, cita a preferência de Jacó a Esaú, entre os dois filhos de Rebeca e Isaac (cf. 9,6-13). Deus escolhe quem ele quer, mas não é injusto. O critério de eleição é tão somente a sua misericórdia. Prova disso é o caso de Moisés, a quem ele fez misericórdia, contra o faraó, a quem endureceu o coração (cf. 9,14-18). Para responder à questão sobre como alguém pode então ser incriminado de culpa, Paulo apela para o tradicional modelo da argila, a quem não cabe o direito de questionar o oleiro sobre o tipo de vaso que quer moldar (cf. 9,19-24). A escolha de Deus pelo critério da misericórdia lembra um texto de Oséias aplicado à opção pelos pagãos, e outro de Isaías sobre a preferência pelo resto (cf. 9,25-29). A passagem para a ideia seguinte é feita por meio da pedra angular, do jogo entre a pedra angular, o Cristo, transformado em pedra de tropeço para os judeus (cf. 9,30-33).

O fio condutor continua sendo a fé, que leva à salvação por Jesus Cristo, "porque a finalidade da lei é Cristo para a justificação de todo o que crê" (10,4).

De volta à argumentação bíblica, comprova que a salvação está ao alcance de todos, tanto judeus quanto gregos, "pois quem crê de coração obtém a justiça, e quem confessa com a boca, a salvação" (10,10).

A rejeição de Israel, contudo, não é total. Paulo parte de seu exemplo pessoal e depois recorda Elias, para confirmar que sempre sobra um resto (cf. 11,1-6). As três citações seguintes — uma da Lei, outra dos Profetas e a terceira dos Escritos — confirmam que Israel, da mesma forma como rejeitou as intervenções divinas no passado, repele agora a revelação do Messias (cf. 11,7-10).

Mas o tropeço de Israel não é definitivo e até provocou o benefício da adesão dos gentios, dos quais Paulo se orgulha de ser apóstolo. Assim como Deus enxertou em seu tronco os pagãos, com mais razão poderá também reenxertar os judeus que aderirem à fé (cf. 11,11-24). A longa discussão é concluída com a certeza da salvação para Israel e com um louvor à sábia misericórdia divina.

Os capítulos finais se voltam para problemas práticos, naturalmente iluminados por todas as reflexões teológicas desenvolvidas. Retornando à alegoria da comunidade como corpo de Cristo, elenca sete carismas, dons individuais a serviço do bem comum e privilegia, no destaque, o amor (cf. 12,3-14). As demais recomendações seguem sempre o binômio honra e vergonha, ou seja, a atitude cristã deve ser sempre de honrar e não envergonhar a outra pessoa.

A exortação de amar o inimigo e vencer o mal pelo bem (cf. 12,20-21) estabelece a conexão com a ordem de submeter--se às autoridades constituídas (cf. 13,1-7). E tudo reconduz à conclusão de que "o amor é a plenitude da lei" (13,10).

Uma janela para a apocalíptica permite vislumbrar o momento da salvação (cf. 13,11-14) e abrir passagem para dedicar-se ao respeito pelos fracos (cf. 14–15). O apóstolo parece distinguir aqui duas mentalidades diferentes em seus leitores: os fortes na fé seriam mais liberais; os fracos na fé, mais escrupulosos. A recomendação é de não julgar nem condenar por diferenças de convicções ou práticas: "Acolhei-vos, portanto, uns aos outros, como também Cristo vos acolheu, para a glória de Deus" (15,7).

A conclusão leva Paulo a se justificar pela ousadia em ter escrito sua epístola: "Em virtude da graça que me foi concedida por Deus de ser o ministro de Cristo Jesus para os gentios, a serviço do Evangelho de Deus, a fim de que a oblação dos gentios se torne agradável, santificada pelo Espírito Santo" (15,15-16). O intuito final revela o duplo desejo: visitar a Igreja de Roma e partilhar a coleta com a Igreja de Jerusalém (cf. 15,22-33). Ambos os objetivos visavam obter apoio dos judeu-cristãos.

As saudações finais recomendam várias pessoas, tratadas com carinho e familiaridade. Uma oração de louvor encerra adequadamente a carta.

Deus é justo e nos torna justos

A situação histórica na qual se encontra a comunidade de Roma dá a Paulo o ensejo de aplicar, de maneira concreta, a sua teologia da justificação. A relação entre a realidade social dos romanos e a teologia da epístola é clara e imediata. Essa dirá que todos estão na injustiça ou no pecado e, portanto, são objeto da ira de Deus. Mas agora Deus, por sua graça, mediante Jesus, vai estabelecer a justiça ou realizar a justificação. Isso se dá pela adesão pessoal de fé.

Qual era a situação concreta dessas pessoas? Pagãos estavam sob a ideologia imperial da *pax romana*, no sistema da escravidão. Judeus estavam sob a ideologia da lei mosaica, no sistema da circuncisão. Para uns e outros não há saída.

A solução é impossível por mérito humano. Só a graça, dom gratuito de Deus, pode resolver o impasse.

Em geral a teologia paulina do pecado e da graça tem sido aplicada a pessoas, individualmente. E não há como negar essa interpretação. Mas o contexto da epístola, essencialmente coletivo, fornece elementos para uma compreensão comunitária dessa teologia. É o que se chama hoje de pecado social ou estrutural. O pecado, por sinal, em Romanos, é abordado em todos os seus aspectos: individual, psicológico, social, coletivo, histórico e existencial. Ele é tanto um ato de transgressão como uma omissão ou insuficiência.

Vejamos a possível repercussão de alguns conceitos, traduzidos de forma a ressaltar seu impacto sobre o contexto da época. Através de uma boa notícia vai aparecer a justiça de Deus, para quem acreditar (cf. 1,17). Todo ser humano é mentiroso e ninguém é justo (cf. 3,4.10). Ficamos contentes com as perseguições, porque elas nos tornam mais resistentes (cf. 5,3). Façam dos membros de vocês armas não de injustiça para o pecado mas sim de justiça divina (cf. 6,13). Não há mais condenação para quem está com o Messias (cf. 8,1). No Espírito de Deus há não mais escravos mas sim filhos e herdeiros (cf. 8,15). Até a natureza quer se ver livre da escravidão, para participar dessa nova realidade gloriosa (cf. 8,21). É preciso praticar o bem para com o inimigo (cf. 12,20) e amar ao próximo como a si mesmo (cf. 13,9).

Romanos parte da realidade de injustiça e pecado. O que domina, por sinal, o início da carta (cf. 1–2) é o conceito de injustiça (*adikia*). Injustiça não é exatamente sinônimo de pecado; é sim a situação pecaminosa descrita como a realidade injusta que imperava. A libertação do pecado, por seu turno, é traduzida como justificação. Nesse caso o termo vale para libertar tanto da injustiça como do pecado. Termos relacionados a justiça, justificar, justo, justificação (*dikaios*) ocorrem 62 vezes em Romanos, sobre o total de 226 vezes no Segundo Testamento. A constatação básica, portanto, é que não há um justo, nenhum sequer (cf. 3,10). A composição do salmo que segue reforça a ideia de que todos vivem sob a escravidão do pecado e que humanamente não há como solucionar a situação. Esse estado de coisas é repetidamente apresentado como situação de injustiça e pecado, onde as pessoas se encontram sob a ira de Deus.

Essa ira se concentra primeiramente sobre os gentios, porque "mantêm a verdade prisioneira da injustiça" (1,18). Ora, os pagãos tiveram conhecimento claro dos projetos divinos por meio da natureza criada e da própria história, no entanto "trocaram a verdade de Deus pela mentira" (1,25). Não era essa a realidade das pessoas no Império Romano? A lista de depravações (cf. 1,26-32) podia ser constatada no contexto da capital do império. O que comandava a situação, concretamente, era a lei romana. A voz dos Césares soava como absoluta e a eles se prestava culto. Mas a lei romana era fonte de injustiça e de pecado. O poder imperial se viu ameaçado pelo judaísmo e logo pelo cristianismo. Não foi à toa que em 49 Cláudio expulsou os cristãos de Roma e, em 64, logo após essa epístola, Nero incendiou a capital e culpou-os. Por isso a epístola aos Romanos representa um protesto contra a lei romana, ainda mais discriminatória que a judaica.

Se Paulo escreve mais aos gentios de Roma, por que haveria de condenar a lei dos judeus? Parece lógico que ele atacasse mais diretamente a lei romana. Ora, se a lei judaica, boa em si mesma, não leva à justiça de Deus, quanto menos a lei romana, injusta em si mesma.

Mas também os judeus são objeto da ira divina (cf. 2,1-11). Esses possuem "na lei a expressão da ciência e da verdade" (2,20) e portanto poderiam estar em posição privilegiada. Mas não conseguem cumprir a lei. É que a lei permite conhecer o pecado, mas suas obras não levam à justificação (cf. 3,20).

Justificação é a nova realidade que Paulo propõe e pode ser analisada em 3,21-28. No contexto de injustiça e de pecado manifestou-se a justiça de Deus (cf. 3,21). Ora, se o ser humano é injusto e Deus é justo, esse Deus pode justificar a criatura. Quer dizer que Deus eleva a pessoa de sua situação concreta, de pecado, até o nível de sua fórmula ideal, de graça. Esse ideal da pessoa justa imita a medida de Deus que é de fato justo. Em termos mais simples, Deus pode declarar empatado o jogo entre ele e a criatura humana. Cabe ressaltar que esse jogo estava totalmente perdido para o nosso lado. Mas Deus o declarou empatado. O empate se chama justificação.

Mas como se consegue chegar ao nível da justiça de Deus? O esforço humano não consegue isso. A lei judaica só chega perto. A lei romana, nem pensar. O único recurso é a fé em Jesus Cristo (cf. 3,22). Trata-se de uma nova atitude de adesão à pessoa de Jesus.

Essa intervenção de Deus que transforma a pessoa real, pecadora, em um ser justificado, é uma ação gratuita, chamada graça (cf. 3,24). Graça é um termo quase intraduzível por sua riqueza de significado e envolve amor, benevolência, misericórdia e muitos outros valores.

Deus declara as pessoas justas mediante Jesus Cristo, colocado como "instrumento de propiciação" (3,25), isto é, lugar da reconciliação e da bondade. O instrumento de propiciação ou propiciatório era, antigamente, em Israel, a cobertura da arca da aliança, lugar aspergido com sangue para limpar os pecados. Depois passou a ser o altar do templo. Paulo diz que o propiciatório agora é o Cristo crucificado. É nele que acontece o encontro da pessoa com Deus.

Paulo transmite, assim, uma visão profundamente positiva do ser humano. A pessoa justificada foi enxertada em Cristo e passa a viver nele. A situação de pecado e injustiça está vencida e não deve mais existir. O Espírito de Deus, que passou a tomar conta da criatura, supre as debilidades e possibilita realizar uma nova lei. Dessa vida nova participa também a natureza e vai-se preparando, aos poucos, a fase escatológica final.

7
Filipenses: alegria no sofrimento

Esta carta possui uma fisionomia própria, que a distingue de todas as demais. Difere até do conjunto das epístolas do cativeiro, do qual faz parte, ao lado de Efésios, Colossenses e Filêmon. Filipenses está perpassada pela palavra Evangelho e é toda inundada de afeto e alegria. Afinal é endereçada à comunidade primogênita de Paulo na Europa. Ali ele aceita hospedar-se na casa de Lídia, abrindo uma exceção na sua prática, e mais, outra exceção, aceita donativos para suprir as próprias privações.

O texto atual poderia conter um conjunto de cartas, escritas em ocasiões diferentes. Embora haja claras menções de que o autor se encontrava na prisão (cf. 1,7.13.14.17), é difícil decidir de qual cativeiro se trata, uma vez que Paulo esteve preso em Roma, Cesareia e Éfeso. A tendência geral se inclina para Éfeso, numa data entre 54 e 57.[1]

---

[1] Para o comentário geral a Filipenses: COMBLIN, José. *Epístola aos Filipenses*. Petrópolis, Vozes/Metodista/Sinodal, 1995 (Coleção Comentário Bíblico). Para uma breve introdução: CONFERÊNCIA DOS RELIGIOSOS DO BRASIL (CRB). *Viver e anunciar a Palavra*; as primeiras comunidades cristãs. São Paulo, CRB/Loyola, 1995. pp. 204-209 (Coleção Tua Palavra é Vida, 6).

A comunidade de Filipos

"Cidade principal daquela região da Macedônia, e também colônia romana" (At 16,12), Filipos gozava de privilégios políticos, possuindo administração, cultura e população latina. Com sua acrópole, adquiriu importância como fortaleza sobre a *via Egnatia*, além de estar circundada por fértil região agrícola, plana e bem irrigada. A proximidade do porto marítimo completava os privilégios de sua localização.

Lucas se detém longamente em descrever a chegada do Evangelho em Filipos (cf. At 16,11-40), a primeira comunidade de Paulo na Europa. O próprio Lucas, além de Silas e Timóteo, viajava junto, pelo que se deduz do estilo "nós" do autor de Atos. Os missionários são acolhidos por um grupo de mulheres, reunidas para rezar, à margem de um rio. A reunião em dia de sábado denota o culto judaico de celebração e louvor a Deus. Como não houvesse sinagoga em Filipos, o grupo de mulheres javistas se reúne para a liturgia, independente da norma tradicional que exigia ao menos dez homens para haver uma assembleia litúrgica. A liderença era de Lídia, negociante de púrpura, estrangeira de Tiatira e adoradora de Deus. Ela era "chefe" da família e fez com que os evangelizadores se hospedassem em sua casa (cf. At 16,15). O empenho apostólico das mulheres marcou essa comunidade, como se vê expresso na garra de batalhadoras como Evódia e Síntique (cf. Fl 4,2-3).

O sistema escravista é ilustrado pela jovem adivinha, que dava muito lucro a seus patrões. O fato de Paulo ter expulsado o espírito de adivinhação provoca forte conflito e resulta em prisão e açoites de Paulo e Silas. Mas os conflitos não param aí. Paulo recorda ter sofrido injúrias em Filipos (cf. 1Ts 2,2). Na carta, entretanto, não transparecem esses, nem outros conflitos. Ela é marcada sempre pelo otimismo e pela alegria. As poucas partes polêmicas dirigem-se a inimigos reais, taxados como "cães, maus operários e falsos circuncidados" (3,2) e até "inimigos da cruz de Cristo" (3,18).

Essa comunidade viva, provada por perseguições, era composta de gente humilde e de condições pobres. Pessoas pobres, mas generosas, pois foram habituadas a abrir o coração e a partilhar com frequência. A partilha fraternal das Igrejas da Macedônia, entre as quais certamente estava Filipos, serve de modelo e incentivo aos coríntios, desafiados a não passarem vergonha, no confronto com elas (cf. 2Cor 8,1-6; 9,2-4). Os filipenses provaram a prática de generosidade outras vezes mais, com relação a Paulo, em face de suas carências em Tessalônica (cf. Fl 4,16) diante de sua penúria em Corinto (cf. 2Cor 11,9) e quando prisioneiro em Éfeso. Aqui supriram suas privações com o envio de Epafrodito e de uma substanciosa ajuda (cf. Fl 4,10-20).

O cenário religioso de Filipos era rico e diversificado. O culto das divindades romanas não suprimiu os da Trácia, nem impediu a introdução das religiões orientais. Ocultismo e religiões mistéricas conviviam normalmente com religiões locais e com as cerimônias oficiais. Em Filipos, como na Trácia em geral, os símbolos sepulcrais demonstram o apego aos cultos órfico e dionisíaco, que acentuavam fortemente a existência futura.

Síntese teológica: alegria no sofrimento

Muitos autores distinguem, no texto de Filipenses, três cartas de ocasiões distintas, mas não distantes, e de assuntos diferentes, embora similares. As três são elencadas como cartas A, B e C.

A carta A (cf. 4,10-23), mais antiga, é um breve agradecimento. Seria o bilhete de Paulo, da prisão, em que agradece à comunidade de Filipos pelo envio de suprimentos por intermédio de Epafrodito. Reflete a profunda solidariedade cristã, que estabelece laços concretos de partilha. Por ver os frutos concretos do Evangelho, Paulo não contém sua alegria e, apesar de privado da liberdade, externa sentimentos de júbilo. Essa alegria é remetida logo a Deus, que provê qualquer necessidade, em Jesus Cristo.

A carta B (cf. 1,1–3,1a + 4,4-7) é a principal. Expõe a situação concreta e reflete, igualmente, o ambiente da prisão. Aqui o apóstolo usa da condição de prisioneiro para tornar Jesus Cristo mais conhecido. Diz que o Evangelho se afirmou nas suas prisões (cf. 1,7), Jesus se tornou conhecido no pretório graças às prisões (cf. 1,13), e as mesmas prisões encorajaram outros irmãos a proclamarem a palavra com liberdade (cf. 1,14). Apesar dos sofrimentos das prisões (cf. 1,17), ele se alegra, pois o que importa é que Cristo seja proclamado. O júbilo de Paulo lhe permite até certa ironia diante do sofrimento e da ameaça de morte, quando conclui: "Pois para mim o viver é Cristo e o morrer é lucro" (1,21). Na dimensão da unidade cristã, o sofrimento é encarado como graça, espelhado, naturalmente, no modelo Jesus Cristo "obediente até a morte, e morte de cruz" (2,8).

A carta C (cf. 3,1b–4,3 + 4,8-9), também breve, é polêmica e previne a comunidade contra os adversários que a ameaçam. O clima de cadeia passou, mas o tom torna-se severo. Contra eles o apóstolo não poupa palavras. Xingamentos fortes como "cães, maus operários e falsos circuncidados" (3,2) parecem referir-se a outros pregadores, que propõem "confiar na carne" (3,4). Isso significa apegar-se à fragilidade humana, colocar a própria segurança nas práticas legais e institucionais. Apelando para sua autobiografia, Paulo pode testemunhar como ninguém que a graça traz nova relação da pessoa com Deus, invertendo radicalmente os valores humanos (cf. 3,5-9). A grande meta, contudo, é chegar à perfeição (cf. 3,12). Pela imagem da corrida, a trajetória cristã imita a do atleta que se esforça para atingir o prêmio. Essa metáfora, tão cara às epístolas, afirma ser a vida uma tensão constante.

O hino cristológico

Filipenses conservou uma pérola de teologia: o hino cristológico (cf. 2,6-11) que sintetiza toda a visão de Paulo sobre Jesus Cristo. Esse hino talvez fosse já conhecido e entoado pelas comunidades. Mas Paulo o aproveita porque se adapta muito bem ao contexto e finalidade dessa carta.

As várias etapas do mistério de Cristo são apresentadas com clareza. O estilo literário acompanha a realidade teológica. Há um movimento descendente, nos três primeiros versículos, que se transforma em ascendente nos três seguintes. Partindo de sua igualdade com Deus (cf. 2,6), Cristo se abaixa, até a morte na cruz (cf. 2,8), e em seguida assume o nome que o eleva até ser glorificado como o Senhor (cf. 2,11). O movimento que descreve a caminhada de Jesus significa igualmente a trajetória da pessoa que quer segui-lo. O caminho implica abaixar-se para depois ser elevado.

O movimento descendente de Jesus percorre quatro degraus: homem, escravo, morto e crucificado. Chegou ao esvaziamento total, para ser plenificado por Deus.

Cristo tinha "forma de Deus", possuía os atributos divinos, mas não ficou apegado a essa "igualdade" com Deus (cf. 2,6). Assumiu a condição humana, exceto o pecado. Pode estar representado aqui o contraste com Adão que, feito à imagem e semelhança de Deus, quis permanecer aferrado a essa realidade.

"Mas esvaziou-se a si mesmo e assumiu a forma de escravo" (2,7a). Esvaziou-se ou aniquilou-se, em grego se diz *ekenosen*, de onde a palavra *kénosis*, para significar esse despojamento e privação a que Cristo se submeteu. A forma de escravo contrasta com sua forma de Deus, original, e também com o título de Senhor, final. Escravo é quem serve, obedece e não tem poder algum. Mas pode ser também a pessoa perseguida e humilhada. Nesse sentido o escravo alude ao servo sofredor de Isaías.

"Humilhou-se e foi obediente até a morte, e morte de cruz" (2,8). Cristo chega ao extremo de sua condição de escravo, morto, mas não com uma morte qualquer, serena e tranquila. Ele é condenado à cruz, pena de morte máxima da legislação romana e sinal de maldição divina para a religião judaica.

Mas na ideia de Paulo a cruz não é apenas símbolo de vergonha, ela é sinal de glória cristã (cf. 1Cor 1,18). Para o crucificado começa, então, o movimento de glorificação. Esse caminho de Jesus é modelo para a trajetória cristã dos filipenses, como também para todas as pessoas que adotam a mesma fé. Não há caminho direto para o reino de Deus sem passar antes pela cruz.

O segundo movimento do hino é o de exaltação e expressa a etapa do ressuscitado. Entre a cruz e a ressurreição existe um laço de casualidade, expresso, no texto, com um "por isso", que explicita a conexão: "Por isso Deus o sobreexaltou grandemente e o agraciou com o Nome que é sobre todo o nome" (2,9). O nome revela, na mentalidade bíblica, a identidade da pessoa. Um nome novo acrescenta uma nova realidade e portanto um poder diferente. Aqui o nome de Cristo é "Senhor", título do ressuscitado, designação divina, como era o nome de Deus na Bíblia Hebraica.

Por seu nome novo, divino, Jesus Cristo é adorado de maneira universal: "Para que, ao nome de Jesus, se dobre todo joelho dos seres celestes, dos terrestres e dos que vivem sob a terra" (2,10). Dobrar os joelhos é gesto de adoração rendido exclusivamente a Deus (cf. Is 45,23). Essa adoração inclui a totalidade do universo, expressa pela tríplice menção de céu, terra e inferno. O hino é concluído com a confissão de fé "Jesus é o Senhor" (2,11). Essa confissão é proclamada por "toda língua", em harmonia com o universo inteiro. O contexto é claramente litúrgico, de celebração de Jesus como Deus ressuscitado.

O hino ao Senhor Jesus, como visto pela leitura, mantém sua unidade divino-humana, mas considera sobretudo o Cristo-Deus, ressuscitado, objeto de adoração litúrgica por parte das comunidades cristãs. O enfoque inicial não é a trajetória histórica de Jesus, mas a sua preexistência divina. A ideia do Cristo preexistente pode ter sido influenciada também pela ideia da preexistência da sabedoria, expressa em diversos textos do Primeiro Testamento, como Pr 8,22 e Eclo 24,3. O Cristo, por exemplo, é tratado como escravo, nesse hino, mas já em forma de elaboração teológica. Sabemos que, historicamente, no sentido jurídico da época, Jesus não foi um escravo. Embora pobre e condicionado pela situação da Galileia, teve o estatuto de cidadão livre. Mas Jesus foi escravo pelo serviço a que se submeteu espontaneamente. É o que a teologia paulina enfoca.

Paulo foi tocado pessoalmente pela revelação de Jesus Cristo e permanece um apaixonado por ele. O fascínio da visão que teve no caminho de Damasco o deixou para sempre vislumbrado. Por isso a sua cristologia é a do Deus revelado em Jesus. Cristo é para ele um messias triunfante, e a visão do sofrimento já é totalmente gloriosa.

8
Filêmon:
não mais como escravo, mas como irmão amado

Esta é a mais breve e mais pessoal carta de Paulo. Em sua concisão aborda, talvez, o maior problema da época, a escravidão e a libertação dos escravos. Não formula teorias nem apela para princípios norteadores, mas propõe solução imediata para uma situação concreta. Para tanto utiliza-se do método persuasivo, ou seja, convencer pelos argumentos indiretos.

Foi escrita de uma prisão (cf. Fm 1) cujo local e data precisos permanecem abertos à discussão. A opinião mais tradicional a situa em Roma, entre 61 e 63. A menos cotada é a de Cesareia, entre 58 e 60. De um século para cá se pensa na prisão de Éfeso, entre 54 e 57.[1]

A Igreja que se reúne na casa

O endereço (cf. Fm 1-3) nomeia os remetentes (Paulo e Timóteo) e os destinatários (Filêmon, Ápia, Arquipo e a Igreja que se reúne na casa de Filêmon), mas não agrega muitas informações sobre tais pessoas. Quem seriam elas?

---

[1] Para o estudo de Filêmon: COMBLIN, José. *Epístola aos Colossenses e Epístola a Filêmon*. Petrópolis, Vozes, 1986 (Coleção Comentário Bíblico). Também: CAÑAVERAL, Aníbal O. *Carta a Filemón*; una respuesta a las ansias de libertad. Bogotá, Kimpres, 1995 (Colección Tierra y Cántaro).

Filêmon é chamado "nosso muito amado colaborador" (v. 1). O termo amado, em grego *agapetos*, contém já o conceito central que vai dominar toda a carta. Colaborador é *synergos*, o que trabalha junto. Filêmon era de Colossos. Foi batizado e evangelizado por Paulo. Homem de posses, permitia-se possuir escravos. Chefe de família, era dono de uma casa suficientemente ampla para abrigar uma comunidade (v. 2). Como cristão, adquire destaque na comunidade (cf. Cl 4,17).

Ápia é chamada "irmã" (v. 2). Poderia ser a esposa de Filêmon.

Arquipo é o "companheiro de armas", literalmente "soldado com" (v. 2), quer dizer, aquele que luta junto na batalha da evangelização. Seria talvez o filho do casal. Tinha um ministério importante na comunidade (cf. Cl 4,17).

Enfim, a carta se dirige "à Igreja que se reúne na tua casa" (v. 2). Embora praticamente todo o conteúdo seja para Filêmon, Paulo o endereça à Igreja de sua casa, para comprometê-la e torná-la corresponsável pela decisão tomada. Além disso o chefe se sentiria naturalmente pressionado.

A casa era o espaço normal de reunião das primeiras comunidades. Por isso podemos chamá-las de Igrejas da casa, casas-Igreja ou Igrejas domésticas. Imaginamos uma Igreja como esta, da casa de Filêmon, pequena, com poucos membros. Na casa desenvolviam todas as atividades como partilha, instrução e celebração. Os templos só surgiriam muito mais tarde.

As Igrejas da casa não constam no Vaticano II nem no Código de Direito Canônico, mas constituíram a prática comum nos inícios do cristianismo. Por isso estão presentes em todo o Segundo Testamento, e particularmente nos escritos paulinos. Elas seriam um modelo de nossas atuais

Comunidades Eclesiais de Base e fornecem os fundamentos para uma eclesiologia da base. Naturalmente não se trata de Igreja doméstica entendida como família nuclear com pai, mãe e filhos, mas de casa em sentido amplo, reunindo parentes, amigos e dependentes.

Nesse sentido, já na Bíblia Hebraica a casa se refere à família ampliada, que vai se reunir como clã e depois como tribo. A reunião de todas as tribos de Israel passa a ser entendida como uma assembleia ou convocação geral, conhecida em hebraico como *qahal*. Esse conceito será traduzido para o grego como *ekklesia*, e vai fundamentar a eclesiologia da Bíblia Cristã.

Na experiência de Jesus e de seu grupo de missionários itinerantes, andando de um vilarejo a outro, as casas tiveram função essencial. A proposta de Jesus tem muito a ver com a recuperação da casa como clã familiar. Deus tem o rosto de um pai, e o jeito dos cristãos é o de irmãs e irmãos. Jesus dirá até que "na casa de meu Pai há muitas moradas" (Jo 14,2).

O evangelho de Marcos testemunha a evangelização a partir de uma casa, provável alusão aos costumes dos primitivos missionários itinerantes. Em Cafarnaum, ao saber que ele estava em casa, a multidão acorre a ele (cf. Mc 2,1-2; 3,20). Justamente estando numa casa vem a sua família natural para buscá-lo (cf. 3,21.31-34). A casa é também um dos lugares de formação dos discípulos (cf. 7,17; 9,28). Especialmente significativo foi o fato de Jesus ter celebrado a última ceia numa casa, "uma grande sala mobiliada e pronta" (Mc 14,15). Em Marcos a casa é também o lugar da aparição, da missão e da ascensão (cf. 16,14-20).

A obra lucana fala de casas e templo. Esses espaços não se opõem, visto ser o templo "a casa do meu Pai" (Lc

2,49). Mas o templo é transitório, pois a comunidade se faz presente nas casas. O anúncio a Maria (cf. 1,26-38) se dá numa casa, enquanto o de Zacarias (cf. 1,5-25) acontece no templo. Zacarias, o sacerdote no templo, representa a antiga economia. Maria, a mulher na casa, representa a nova economia de salvação. A recuperação da vida de Zaqueu começa por um convite de Jesus: "Hoje devo ficar em tua casa" (19,5), e se completa pela constatação: "Hoje a salvação entrou nesta casa" (v. 9).

É numa casa que se dá o Pentecostes, quando "veio do céu um ruído como de um vento impetuoso, que encheu toda a casa" (At 2,2). Também os atos comunitários se davam no mesmo espaço, pois os cristãos "partiam o pão nas casas e comiam com alegria e simplicidade de coração" (At 2,46). Igualmente a pregação dos apóstolos era feita nas casas. "E todos os dias não cessavam de ensinar e pregar Cristo no Templo e nas casas" (At 5,42). Paulo, quando ainda perseguidor, sabia muito bem que as Igrejas estavam nas casas, como testemunha o seu hagiógrafo: "Saulo devastava a Igreja entrando nas casas; e, arrastando homens e mulheres, os entregava à prisão" (At 8,3). Pela casa de Cornélio, centurião romano, inicia-se a Igreja entre os pagãos (cf. At 10,22; 11,12.13.14). Em Filipos, Paulo foi acolhido na casa de Lídia, e depois na casa do carcereiro (At 16,15.31.34).

No evangelho de Lucas, a presença de Jesus na casa de Marta e Maria, evangelizando, antecipa a futura Igreja da casa (cf. Lc 10,38).

É principalmente nos escritos paulinos que o conceito Igreja da casa torna-se mais explícito.

O casal Priscila e Áquila, muito bem conhecido também por meio dos Atos dos Apóstolos, teve participação essencial nas missões. Sua casa serviu para fundar Igrejas em Corinto, Éfeso e Roma. Com efeito, Paulo escreve, em Rm 16,3-5: "Saudai Priscila e Áquila, meus colaboradores em Cristo Jesus, que, para salvarem minha vida, expuseram a cabeça. Não somente eu lhes sou agradecido mas todas as Igrejas das nações. Saudai também a Igreja da sua casa". Paulo continua ligado à Igreja desse casal, em Éfeso, de onde escreve: "Também vos enviam muitas saudações no Senhor Áquila e Priscila com a Igreja de sua casa" (1Cor 16,19). Outro texto significativo é o de Cl 4,15: "Saudai os irmãos de Laodiceia como também Ninfas e a Igreja de sua casa". Além de ser outro exemplo de Igreja de casa, há aqui mais um possível caso de mulher dirigindo uma dessas comunidades.

Síntese teológica: não mais como escravo, mas como irmão amado

O personagem-chave desse escrito é Onésimo, escravo de Filêmon, fugido de seu patrão, ao que parece com uma soma de dinheiro (cf. Fm 18-19). Não sabemos depois de quais peripécias ele tenha chegado ao lugar da prisão de Paulo. O encontro com o apóstolo não terá sido fortuito, mas desejado quando, cessado o entusiasmo da liberdade, veio a encontrar-se em apuros. A prisão de Paulo devia ser nota à comunidade de Colossos.

O apóstolo não só conquistou Onésimo à fé mas de tal modo o tutelou que teria querido mantê-lo estavelmente junto a si (v. 13). Porém, não querendo forçar o patrão, reenvia-lhe Onésimo, com esse bilhete de recomendação, verdadeira obra--prima do gênero.

Paulo conhecia as gravíssimas penas prescritas pela lei romana contra os escravos fugitivos, especialmente ladrões. Todavia, confiante na longanimidade e nos sentimentos cristãos de Filêmon, reenvia Onésimo com o título de recente aquisição: é filho de Paulo, como o é Filêmon (v. 10) e é também um caríssimo irmão (v. 16).

Filêmon recebe a ocasião de ouro para desobrigar-se nos confrontos de Paulo, dando boa acolhida ao escravo que retorna em vestes de irmão. Segundo Cl 4,9, Onésimo, "irmão fiel e amado", acompanha Títico, o portador da carta aos Colossenses.

Para solucionar o problema do escravo Onésimo, Paulo usa a argumentação persuasiva, um recurso comum na literatura greco-romana da época. Torna-se nesse ponto um modelo do uso da autoridade, não impondo ordens, mas chamando à corresponsabilidade pessoal e coletiva.

O primeiro argumento de Paulo para persuadir Filêmon está no endereço do bilhete (v. 1-3). Em vez de escrever ao patrão, pessoalmente, ele se dirige a mais duas pessoas, Ápia e Arquipo, e a toda a Igreja de sua casa. Com essa manobra Filêmon é obrigado, seja por familiares, seja por toda a comunidade, a atender à solicitação do apóstolo. Além disso, Paulo se qualifica, inicialmente, como prisioneiro, condição pior que a do escravo. E a saudação contém a fórmula tradicional de bênção: "Graça e paz a vós, da parte de Deus nosso Pai e do Senhor Jesus Cristo" (v. 3).

Outro argumento mais sutil está no elogio que Paulo dirige a Filêmon, por meio de uma oração de ação de graças (cf. v. 4). Nesse clima teológico destacam-se o amor e a fé (cf. v. 5). Como se não bastasse, Paulo repete o elogio e estende-se ainda mais no louvor à generosidade, à fé, ao bem a realizar (cf. v. 6) e a um amor que enche o coração de alegria e reconforta-o (cf. v. 7).

Depois de ter caprichado bem nos elogios, Paulo se prepara para chegar ao assunto. Mas ainda não o faz de repente. Usa o argumento de quem não vai usar da autoridade real que possui para ordenar o que acha conveniente (cf. v. 8).

E joga outra cartada: "prefiro pedir por amor" (v. 9). A palavra que traduzimos como amor é *agape*, em grego, e significa muito mais do que amor. Envolve principalmente solidariedade, como entre membros de uma família ou entre Deus e seu povo. Por isso o argumento principal nessa carta é a solidariedade, não o ordenamento da lei.

A argumentação volta atrás, e a capacidade persuasiva afina-se ainda mais quando Paulo apela para os motivos pessoais, a velhice e a prisão, sem descuidar da razão teológica, "prisioneiro de Jesus Cristo" (v. 9).

E quando chega ao pedido central, adianta um argumento irrefutável: "Venho suplicar-te em favor do meu filho Onésimo, que eu gerei na prisão" (v. 10). Como negar um favor ao filho do apóstolo amigo?

O nome Onésimo, em grego, significa "útil". Jogando com as palavras, Paulo afirma que ele fora inútil, na qualidade de escravo, mas agora se torna útil, como livre, como filho e como irmão (cf. v. 11).

A persuasão continua pelo lado afetivo. Paulo envia Onésimo de volta a Filêmon, como se fosse o seu próprio coração, ou melhor, com o texto original, as próprias entranhas (cf. v. 12). Adiante ele insistirá: "Recebe-o como se fosse a mim mesmo" (v. 17).

Um passo a mais, e Paulo mostra a preferência e a utilidade que Onésimo teria para ele, na prisão, inclusive como presença do próprio Filêmon (cf. v. 13). E volta para o argumento da liberdade, para que a decisão fosse pessoal e de inteira responsabilidade do amigo (cf. v. 14).

Só depois de ter conquistado todo o terreno, já com total liberdade, Paulo lembra a fuga do escravo, mesmo assim como um evento puramente positivo, em vista de sua recuperação definitiva (cf. v. 15).

Enfim, o argumento central e irrefutável: "Não mais como escravo, mas, bem melhor do que como escravo, como um irmão amado: muitíssimo para mim e tanto mais para ti, segundo a carne e segundo o Senhor" (v. 16). Primeiro Paulo nega que Onésimo seja ainda escravo. Em seguida afirma a sua nova condição, melhor que a primeira. Essa implica ser irmão amado. Amado (*agapetos*) é o mesmo apelativo de Filêmon no início da carta (cf. v. 1). Ele é irmão amado em grau superlativo para Paulo e em grau aumentativo para Filêmon. E é irmão amado segundo a carne e segundo o Senhor, quer dizer, na ordem da natureza e na ordem da graça, irmão de verdade e não só de nome.

A argumentação não pára por aqui; Paulo propõe a nova forma de relacionamento. E desafia o amigo (cf. v. 17), que em grego é *koinonos*, palavra que significa sócio, parceiro, participante, cúmplice. Daí vem *koinonia*, associação de pessoas iguais e livres, que passou a significar, para os cristãos, a relação de sociedade, comunidade, comunhão.

E não só. Paulo assume os possíveis prejuízos materiais de Onésimo (cf. v. 18). Ao assumir as dívidas do escravo, assinando de próprio punho, ele se coloca em seu lugar. Estavam já quebradas as relações de posse sobre o escravo, mas Paulo dá um passo além, provoca Filêmon lembrando que o débito real era dele (cf. v. 19).

A argumentação prossegue retomando elementos anteriores (cf. v. 7). Como que abaixando a voz e chamando o irmão à intimidade, Paulo refaz o pedido como um consolo ao seu coração em Cristo (cf. v. 20).

Como se ainda não bastasse, retorna à generosidade de Filêmon, capaz de realizar muito mais do que simplesmente acolher o irmão Onésimo em liberdade (cf. v. 21).

Mas resta um argumento pessoal, taxativo. Paulo promete ir visitá-los em breve, e até pede para deixar um quarto preparado (cf. v. 22). Lógico, ele iria verificar pessoalmente o resultado de seu pedido.

A saudação final nomeia outro companheiro de prisão, Epafras, e os colaboradores Marcos, Aristarco, Demas e Lucas (cf. v. 23-24). Eram testemunhas demais para a solicitação que Paulo estava fazendo.

A escravidão no império e no cristianismo

A breve carta a Filêmon abre campo para discussão sobre diversos assuntos referentes à escravidão. O elemento mais claro é o acolhimento de um ex-escravo em casa e no seio da comunidade eclesial. Emergem, entre outras, indicações relativas à personalidade do escravo, à sua capacidade de associação, à possibilidade de um terceiro endividar-se por conta própria, à afinidade espiritual que elimina qualquer discriminação diante de Deus.

Paulo não faz um pronunciamento panfletário contra a estrutura escravocrata do Império Romano. Isso seria impensável e inédito. Mas o apóstolo mina pela raiz a prática da escravidão. Do ponto de vista teórico ele estabelece o princípio de perfeita igualdade de todas as pessoas, e do ponto de vista prático ele assume, pessoalmente, a liberdade do escravo Onésimo. Estão lançadas as bases para a nova relação social, a saber, irmandade, liberdade, solidariedade. O pressuposto irrenunciável determina que o escravo é ser humano e não coisa. Nesse sentido teríamos aí o primeiro passo para a criação da declaração dos direitos humanos.

O Império Romano fundamentava-se numa estrutura econômica e social escravagista. Essa mentalidade provinha dos gregos, assim como de outras culturas antigas. Aristóteles, por exemplo, argumentava filosoficamente que pela própria natureza há pessoas destinadas a comandar e outras a obedecer. O mesmo esquema dualista justificava a discriminação entre homem e mulher, corpo e alma, matéria e espírito.

Contudo, a escravidão romana, em geral, não envolvia maus-tratos aos escravos. Em Roma, como na Grécia, pessoa escrava era pessoa não cidadã. Escravo, em grego *doulos*, é servo, servidor e empregado. Caracteriza-se pela falta de cidadania e, portanto, o escravo não é pessoa em sentido pleno. Privado de sua liberdade, pertence a outro, como propriedade dele. O patrão decide sobre a pessoa escrava, sobre sua família, e sobre toda a sua produção.

Na sociedade romana, havia três classes sociais bastante distintas: escravos, libertos e livres. Escravos eram pessoas dependentes de algum patrão, vivendo sem liberdade, sem cidadania e sem direitos. Libertos eram ex-escravos, isto é, pessoas que conseguiam se libertar da situação de escravidão. Livres eram pessoas que gozavam de independência, ao menos teoricamente.

Os escravos constituíam normalmente a terça parte da sociedade romana. Em muitas cidades podiam ser a metade da população ou até mais. Como alguém se tornava escravo? De diversas formas. Havia escravos por nascimento, filhos de mãe escrava; vencidos de guerra, tanto militares como civis; habitantes de vilas sequestradas ou vítimas de pirataria marítima; castigados por certos crimes contra o império; endividados impossibilitados de quitar seus débitos (cf. Mt 18,25). Entre os próprios escravos havia diferentes condições sociais. Escravos das minas italianas viviam em condições infraumanas. Já nas cidades havia cozinheiros, mordomos, donzelas, pedagogos, *baby-sitters*, tecedores, contadores, administradores. Eram por vezes integrados à mesa do amo.

Os libertos eram escravos que conseguiam a liberdade. Numerosíssimos. Há cálculos que estimam cinco libertos para cada escravo. Entre as diversas maneiras de um escravo tornar-se liberto, pode-se elencar: pelo casamento da escrava com o patrão; pelo falecimento do patrão; pelo acúmulo de dinheiro para comprar a própria liberdade. Um liberto normalmente encontrava dificuldades para se situar na sociedade, e com frequência continuava trabalhando para seu ex-patrão, em agradecimento pela liberdade. Não raro caía na miséria e apelava para a mendicância. Encontrar trabalho era, via de regra, uma casualidade rara. Podia ser melhor, por vezes, manter-se a serviço da casa do patrão do que buscar uma alternativa econômica fora. Nesse contexto talvez fosse compreensível o fato de Paulo não ter investido contra a estrutura escravagista do império. É ilustrativa, a propósito, a passagem de 1Cor 7,20-24.

Os livres não eram escravos nem libertos. Mesmo assim, a maioria não tinha boa posição socioeconômica. Trabalho como o artesanato nem sempre era rentável. Não havia a ideia capitalista de aumentar a produção. Por isso as pessoas viviam em geral na instabilidade econômica. O topo da pirâmide social era ocupado por poucos privilegiados, políticos, latifundiários, comerciantes.

A prática cristã por certo apresentou-se como uma alternativa nesse contexto. Na discussão sobre quem é o maior, Jesus diz: "O maior dentre vós será aquele que vos serve" (Mt 23,11). "Aquele que dentre vós quiser ser grande, seja o vosso servidor" (Mc 10,43; cf. Lc 22,26). Jesus mesmo se faz escravo e justifica essa prática pelo gesto de lavar os pés dos discípulos (cf. Jo 13,14). João coloca na boca de Jesus uma convicção assumida por sua comunidade: "Já não vos chamo servos [...], mas eu vos chamo amigos" (Jo 15,15). A teologia de Paulo amplia esse dado, com Jesus escravo, "obediente até a morte, e morte de cruz" (Fl 2,8).

Paulo, no exemplo de Jesus, elimina os fundamentos para a distinção entre patrão e escravo. Respigamos algumas frases onde estabelece o princípio "o maior servirá ao menor" (Rm 9,12). Deixa claro que "fomos todos batizados num só Espírito para ser um só corpo, judeus e gregos, escravos e livres, e todos bebemos de um só Espírito" (1Cor 12,13). E é insistente em afirmar que "não há judeu nem grego, não há escravo nem livre, não há homem nem mulher; pois todos vós sois um em Jesus Cristo" (Gl 3,28; cf. Rm 10,12).

No caso de Filêmon, específico, Paulo ignora a lei romana. Agindo de maneira diferente, paralela à lei, estabelece nova prática e novos fundamentos teóricos. O cristão não é mais escravo, mas sim irmão e filho.

9
Cartas deuteropaulinas: 2 Tessalonicenses, Colossences, Efésios

Catorze cartas, no total, compõem o conjunto das epístolas paulinas, o chamado *corpus paulinum*. Metade delas são consideradas autênticas, isto é, atribuídas ao próprio Paulo. As demais são chamadas deuteropaulinas, porque foram supostamente escritas por discípulos do apóstolo.

É discutível a autenticidade de 2 Tessalonicenses. Das três cartas da prisão, Colossences e Efésios são consideradas deuteropaulinas, assim como o bloco das chamadas pastorais, 1 e 2 Timóteo e Tito. Para Hebreus há unanimidade em reconhecer que não é um escrito de Paulo.

De fato, mesmo as cartas autênticas foram às vezes escritas em parceria, ou ditadas pelo apóstolo. Tércio é quem escreve a carta aos Romanos (cf. Rm 16,22). Em diversas outras Paulo acrescenta o próprio autógrafo, sinal de que o texto não era de sua mão (cf. 1Cor 16,21; Cl 4,18; 2Ts 3,17). Em Gálatas, temos a impressão de que ele assume a redação apenas do final da carta (cf. Gl 6,11).

Mas há também a prática da pseudepigrafia, reconhecida na literatura antiga e principalmente na Bíblia. Trata-se do uso do nome de um personagem mais famoso, em forma de pseudônimo, para dar reconhecimento ao escrito. Ao adotar o nome, a pessoa manifesta a adoção da mesma linha de pensamento daquele cujo nome é usado. No caso de Paulo, outra geração cristã quis atualizá-lo para sua época.

Naturalmente as cartas deuteropaulinas refletem situação e problemática bem diferentes. As diferenças são marcantes também na teologia. Diversa é a imagem de Cristo, assim como o modelo de Igreja e as relações de fraternidade.

O ambiente geral dessas cartas é a Ásia Menor, por volta dos anos 80 do século I. Elas são endereçadas aos líderes, não mais às comunidades. As Igrejas estão bem mais organizadas e hierarquizadas, além de serem muito diversificadas entre si. As relações ao interno das comunidades não são mais as mesmas, com afirmação do poder de senhores sobre escravos e de homens sobre mulheres.

Acentua-se sobremaneira a ética e a piedade, refletidas mais em conselhos individuais do que propriamente em orientações comunitárias.

2 Tessalonicenses

A argumentação que faz de 2 Tessalonicenses uma carta posterior a Paulo baseia-se, principalmente, no seu estilo mais frio e impessoal, se comparada à 1 Tessalonicenses, e na diferença de postura com relação à segunda vinda de Jesus.

Em qualquer hipótese, a carta permite avaliar o estilo da evangelização paulina e, sobretudo, sua proposta fundamental de trabalhar com as próprias mãos. O trabalho manual, como parte essencial de seu projeto, soa como uma ordem taxativa (cf. 3,6-15). Tão inovadora foi a ordem, que causou perseguições e tribulações ao grupo cristão que a abraçou (cf. 1,2-10). Com tanta perseguição e sofrimento, começam a apelar para a segunda vinda gloriosa do Senhor. É quando são alertados para que não se deixem enganar (cf. 2,1-12).

Colossenses

Colossos, antiga cidade frígia, hoje em ruínas, era, no século I, colônia romana na Ásia, cidade de indústria têxtil, menos desenvolvida que as vizinhas Laodiceia e Hierápolis.

Paulo, ao que parece, não conheceu essa região, evangelizada por Epafras (cf. 1,7; 4,12-13), onde o cristianismo floresceu rapidamente (cf. Cl 1,6; Ap 3,14-22). A carta aos Colossenses, se provém da mão de Paulo, foi escrita do cativeiro de Cesareia ou Roma, perto do ano 60. Se não, pode ter sido escrita em Éfeso, por volta do ano 80.

A carta não menciona a presença de judeu-cristãos na comunidade, mas confirma o predomínio de gentio-cristãos (cf. 1,21.27; 2,13). Esses pagãos tinham encontrado, no judaísmo, uma visão do mundo, da vida, das relações sociais e da religião, mais valiosa do que a apresentada pelo paganismo em geral. Entretanto esses "prosélitos" e "tementes a Deus" manifestavam a tendência de multiplicar práticas para garantir a salvação, e a busca de intermediários entre Deus e a humanidade, como anjos, autoridades e potências.

Jesus não passava, segundo essa opinião, de uma entre outras manifestações de Deus. Ademais, como podia um crucificado, o mais esmagado dos homens, dar sentido à vida e ao mundo? A carta reage com vigor: "Em Cristo aprouve a Deus fazer habitar toda a plenitude" (1,19), pois "nele habita corporalmente toda a plenitude da divindade" (2,9). Se em Cristo o universo todo foi reconciliado com Deus, é preciso libertar-se das falsas práticas e voltar-se para os verdadeiros problemas como vida familiar, vida fraterna, vida social, uma vez que é nela que uma nova postura em Cristo tem de ser criada.

Portanto, o Cristo é o centro do cosmo (cf. 1,15-20), está acima dos tronos, dominações e potestades. Ele é a cabeça da

Igreja, cujo corpo é um coletivo massificado, e não mais diversos membros, compondo a comunidade local, como nas cartas anteriores. A cruz é o sinal de reconciliação (cf. 1,22), não de conflito e radicalidade, como em Corinto (cf. 1Cor 1). Os códigos de comportamento doméstico submetem a mulher ao homem (cf. 3,18-4,1), diversamente da igualdade entre homem e mulher (cf. Gl 3,28).

Efésios

A carta aos Efésios parece uma ampliação de Colossenses, à qual se assemelha em forma e conteúdo. Ela faz uma espécie de síntese da mensagem paulina para a geração seguinte, por volta do ano 90.

Discute-se muito sobre os destinatários da carta. O seu tom genérico e impessoal não combina com os três anos de convivência de Paulo com a população de Éfeso. A carta poderia ter sido escrita às comunidades de Laodiceia, ou, mais provavelmente, como uma circular dirigida a várias comunidades da Ásia, próximas a Éfeso.

O autor seria um discípulo, ligado à herança paulina, do vale do rio Lico, na região de Éfeso.

Os destinatários são cristãos estabilizados, não da primeira geração. A Igreja não é mais Israel (cf. 2,14-18), mas reúne, pacificamente, judeus e pagãos. Ela é construída sobre o fundamento dos apóstolos e profetas, em cuja herança vivem os cristãos (cf. 2,20). Na liturgia, agora já organizada, manifesta-se o Espírito, com forte atuação (cf. 5,19-20).

A carta atém-se a problemas gerais, sem perseguição ou erro específico a combater. A Igreja global ganha mais importância que a local. Procura-se expor com clareza os comportamentos que distinguem os cristãos das demais pessoas.

A eclesiologia reflete já a catolicidade de uma Igreja universal, suplantando as comunidades particulares. A preocupação com a unidade tolhe o lugar da diversidade (cf. 2,14-22). É a Igreja que permite o acesso ao mistério de Cristo (cf. 3,4). Ele é a cabeça do corpo que é toda a Igreja, sem membros (cf. 4,4-16). Igreja é, enfim, a nova humanidade (cf. 4,22.24).

A carta radicaliza as prescrições dadas à família, tendo presente, como interlocutora, a família típica romana, patriarcal (cf. 6,1-9). Daí a ênfase na submissão das mulheres (cf. 5,22-24). A Igreja, esposa de Cristo (cf. 5,25-27), é plenitude (cf. 1,23), sendo o Espírito o selo da unidade (cf. 1,13-14).

10
Cartas pastorais:
1 e 2 Timóteo e Tito

1 e 2 Timóteo e a carta a Tito constituem o bloco das chamadas cartas pastorais, porque se destinam a pastores de Igrejas e tratam de deveres conexos ao seu encargo.

Tanto no vocabulário quanto nos temas abordados, elas diferem muito das cartas paulinas. Aquelas discussões acaloradas transformam-se aqui em preceitos, e a visão de Igreja muda consideravelmente. As pastorais primam pelas notícias pessoais, apresentam um plano menos organizado e mais livre, e abusam das repetições.

Assemelham-se a códigos de deveres domésticos ampliados, veiculando coletâneas de moral tradicional. Ao primar pela ordem religiosa e pela moralidade, adquirem a função de constituições oficiais para as Igrejas de Timóteo, Tito e seus sucessores.

A Igreja começa a se caracterizar como uma sociedade ampla e estável, cujos fiéis devem ser cidadãos exemplares. As lideranças surgem voluntariamente e são confirmadas pela Igreja. Começam a ser definidas algumas funções, como a de epíscopo, presbítero e diácono. Os grandes temas teológicos dão lugar à ortodoxia e aos preceitos. A liberdade e igualdade deixam de ser os grandes ideais cristãos.

Estamos, provavelmente, bem no final do século I.

1 Timóteo

Timóteo, destinatário desta carta, havia sido remetente de seis outras, ao lado de Paulo. Ele foi irmão (cf. 1Ts 3,2), colaborador (cf. Rm 16,21), filho caríssimo (cf. 1Cor 4,17), que acompanhou o apóstolo desde a segunda viagem até o cativeiro de Roma. Depois disso, parece ter fixado suas atividades em Éfeso (cf. 1Tm 1,3).

A carta visa prevenir o líder da comunidade de Éfeso contra falsos doutores (cf. 1,3-20; 4,1-11; 6,3-10). O ambiente cosmopolita da metrópole favorecia a introdução de novas idéias e concepções religiosas. A carta insiste na defesa da "sã doutrina" (1,10) e adverte para a disciplina interna da comunidade (cf. 2,1-15), além de instruir sobre os deveres de quem nela possui encargos diretivos (cf. 3,1-13), principalmente do próprio Timóteo (cf. 4,12–6,2).

2 Timóteo

Já 2 Timóteo é mais pessoal que 1 Timóteo. Dirige-se ao destacado líder, exortando-o a perseverar em seu difícil ministério.

A cristologia também muda. Aqui Jesus é o juiz da Igreja, o qual retribui de acordo com o bem ou o mal (cf. 1,18; 4,1.8.14). Cristo é também o modelo de perseverança (cf. 2,11-12).

A própria presença de Deus é mais discreta, aparecendo como aquele que investe de autoridade os chefes da Igreja (cf. 1,6-9).

A carta se apresenta como uma espécie de testamento espiritual do apóstolo. A preocupação geral é reforçar a posição da Igreja, num momento de transição e de novidades. De fato, as Igrejas da época viviam problemas, como ameaça de novas doutrinas (cf. 2,18), abandono por parte de alguns líderes (cf. 4,10), defesa de doutrinas inaceitáveis por outros (cf. 2,23; 3,6), arrefecimento do amor (cf. 4,16), dispersão de lideranças (cf. 4,9-12). Por isso a recomendação de empenho ao serviço do Evangelho, sem poupar energias (cf. 1,6–2,13; 4,1-8), ao cuidado da reta doutrina (cf. 3,10-17) e à luta contra os falsos doutores (cf. 2,14-18).

Tito

Tito fora personagem importante em diversas missões, ao lado do apóstolo Paulo. Filho de gregos (cf. Gl 2,3), convertido provavelmente pelo próprio Paulo (cf. Tt 1,4), acompanhou-o no chamado concílio de Jerusalém (cf. Gl 2,1). No curso da terceira viagem missionária de Paulo, esteve em Éfeso, de onde visitou Corinto duas vezes. Finalmente vamos encontrá-lo em Creta (cf. Tt 1,5).

A carta é uma instrução para estabelecer a hierarquia nas várias Igrejas (cf. 1,5-9), desarraigar as falsas doutrinas (cf. 1,10-16), admoestar sobre os deveres dos fiéis (cf. 2,2-10), transmitir alguns formulários de ética cristã (cf. 1,6-9; 2,2-10; 3,1-3).

Hebreus

Hebreus é um texto original, distinto do estilo e teologia paulina. Redigido em forma de homilia, reflete longamente sobre Cristo como sumo sacerdote.

É o único texto do Segundo Testamento a dizer que Jesus foi sacerdote (Hb 7) mas de fato o distingue do sacerdócio de sua época. Cristo é sacerdote segundo uma ordem diferente. a de Melquisedec, e passa a ser o mediador definitivo entre Deus e a humanidade.

Conclusão

A caminhada, na companhia de Paulo, deixa marcas indeléveis. É difícil, impossível talvez, acompanhar seus passos da forma como ele seguiu o caminho de Jesus Cristo. Resta-nos, em alguns momentos, a admiração e o respeito. O vigor de sua personalidade transparece nos textos. A força do raciocínio impressiona e enleva. O tino prático orienta a vida pastoral.

Paulo teólogo! Como captar a riqueza dessa realidade? Rabino habituado à interpretação das Escrituras, exegeta cristão inovador, teólogo da Bíblia e da vida concreta, orientador de pessoas e de comunidades, missionário incansável na difusão da boa notícia. Mais que teólogo! Paulo criou novos rumos para o cristianismo nascente.

Vale ressaltar sempre que Paulo não foi teólogo profissional. Foi, antes de tudo, um trabalhador e evangelizador. Evangelizou trabalhando e trabalhou evangelizando. Além do trocadilho, o primeiro ensinamento é sua vida, o segundo sua doutrina. Estamos diante de um homem apaixonado. Após o encontro com o Ressuscitado, transformou-se totalmente, de tal forma que passou a viver exclusivamente por Jesus Cristo. Do seguimento de Jesus, com base nas Sagradas Escrituras, ele formou as grandes intuições pessoais, que resultam na sua densa teologia.

No livro que você está terminando de ler, foi apresentada resumidamente a visão geral da teologia paulina. Procuramos deixar os textos falarem por si mesmos. Cada texto de Paulo traz um problema diferente, uma novidade teológica. Sobre esse dado, foram selecionados os temas mais salientes. A seleção de temas implica uma escolha. A síntese completa é impossível. A opção, em geral, foi orientada pelo interesse atual.

Os assuntos, em Paulo, nem sempre são elaborados. Nosso texto, de igual forma, é um esboço inacabado. Pretende ser um roteiro para aprofundamento dos assuntos. Apesar de tanta distância entre o ontem de Paulo e o nosso hoje, os problemas são muito próximos. As reflexões dele são atuais, e as soluções muitas vezes aplicáveis de forma quase imediata.

Paulo abrange todos os aspectos da teologia, de tal forma que se torna impossível abarcá-lo em poucas linhas. As bases dos grandes temas do cristianismo estão lançadas. Ele enfrenta desde aspectos teóricos fundamentais, como a justificação pela fé, até problemas concretos, como a maneira de se relacionar com o escravo. Não descuida a sexualidade e a vivência matrimonial, aspectos fundamentais da vida da família. Enfrenta problemas polêmicos, como a participação das mulheres nos ministérios. Demonstra atitude corajosa ao defender a liberdade, tendo como único limite o amor.

Na preocupação norteadora de formar comunidade, Paulo não se cansou de reunir pessoas. Juntou gregos e judeus. Antecipando os desafios da inculturação, adaptou a mensagem evangélica ao helenismo. Congregou patrões e escravos. Com muitos séculos de antecedência, libertou pessoas de sua condição servil. Promoveu mulheres e homens. Embora distante da polêmica feminista, colocou mulheres nas lideranças e nos ministérios de suas Igrejas. O que moveu Paulo? O mandamento do amor, a busca da irmandade!

O pensamento paulino tem sido às vezes desvirtuado. Nem sempre se consegue captar o que pensou sobre Cristo, as mulheres, a Igreja etc. Os desvios devem-se, muitas vezes, à mente de seus intérpretes. A leitura atenta dos textos permite captar a riqueza e a originalidade do apóstolo.

Que este livro tenha sido útil para tornar Paulo mais conhecido.

Bibliografia

BALLARINI, Teodorico. *Paolo*; vita, apostolato, scritti. Torino, Marietti, 1968.

Bíblia de Jerusalém (A). São Paulo, Paulus, 2002.

BORTOLINI, José. *A segunda carta a Timóteo.* São Paulo, Paulus, 1997 (Coleção Como Ler a Bíblia).

_____. *Como ler a carta aos Gálatas.* São Paulo, Paulus, 1991 (Coleção Como Ler a Bíblia).

CAÑAVERAL, Aníbal O. *Carta a Filemón*; una respuesta a las ansias de libertad. Bogotá, Kimpres, 1995 (Colección Tierra y Cántaro).

COMBLIN, José. *Epístola aos Colossenses e Epístola a Filêmon*, Petrópolis, Vozes, 1986 (Coleção Comentário Bíblico).

_____. *Epístola aos Filipenses.* Petrópolis, Vozes/Metodista/Sinodal, 1995 (Coleção Comentário Bíblico).

_____. *Segunda Epístola aos Coríntios.* Petrópolis, Vozes/Sinodal/ Metodista, 1991 (Coleção Comentário Bíblico).

CONFERÊNCIA DOS RELIGIOSOS DO BRASIL (CRB). *Viver e anunciar a Palavra*; as primeiras comunidades. São Paulo, CRB/Loyola, 1995 (Coleção Tua Palavra é Vida, 6).

COTHENET, Édouard. *Paulo, apóstolo e escritor.* São Paulo, Paulinas, 1999.

DRANE, John. *Paulo;* um documento ilustrado sobre a vida e os escritos de uma figura-chave dos primórdios do cristianismo. São Paulo, Paulus, 1982.

DUNN, James D. G. *A teologia do apóstolo Paulo.* São Paulo, Paulus, 2003.

FABRIS, Rinaldo. *Para ler Paulo.* São Paulo, Loyola, 1996.

_____. *Paulo, apóstolo dos gentios.* São Paulo, Paulinas, 2001.

FERREIRA, Joel Antônio. *Primeira Epístola aos Tessalonicenses*. Petrópolis, Vozes/Sinodal/Metodista, 1991 (Coleção Comentário Bíblico).

FOULKES, Irene. *Problemas pastorales en Corinto*; comentario exegético-pastoral a 1 Corintios. San José, DEI, 1996 (Lectura Popular de la Biblia).

HÜBNER, Hans. *Teologia biblica del Nuovo Testamento*. Brescia, Paideia, 1999. v. 2 (La teologia di Paolo).

KÄSEMANN, Ernest. *Perspectivas paulinas*. São Paulo, Paulus, 2003.

PARRA SÁNCHEZ, Tomás. *Paulo*; aventura entre os pagãos. São Paulo, Paulinas, 1996.

PILCH, John J. Romanos. In: BERGANT, Dianne & KARRIS, Robert J. (orgs.). *Comentário bíblico*. São Paulo, Loyola, 1999. v. 3, pp. 177-192.

QUESNEL, Michel. *Paulo e as origens do cristianismo*. São Paulo, Paulinas, 2004.

SILVA, Valmor da. *Segunda Epístola aos Tessalonicenses*; não é o fim do mundo. Petrópolis, Vozes/Sinodal/Metodista, 1992 (Coleção Comentário Bíblico).

STRABELLI, Frei Mauro. *Primeira carta aos Coríntios*. São Paulo, Paulus, 1999.

TAMEZ, Elsa. *Contra toda condenação*; a justificação pela fé, partindo dos excluídos. São Paulo, Paulus, 1995.

VASCONCELLOS, Pedro L. & SILVA, Valmor da. *Uma história do Povo de Deus*. São Paulo, Paulinas, 2003.

WEGNER, Uwe. Aspectos socioeconômicos na Carta aos Romanos. *Estudos Bíblicos* 25 (Petrópolis, 1990), pp. 43-57.

Sumário

APRESENTAÇÃO 5
INTRODUÇÃO 9
1. RETRATOS DE PAULO 11
   Conforme a fonte utilizada 11
   Conforme a ciência que auxilia 12
   Conforme a cultura religiosa 12
   O apoio da educação 13
   Os principais influxos 14
2. PAULO TEÓLOGO 17
   Articulações da teologia paulina 19
   Teologia da cruz 19
   Cristologia 20
   Soteriologia 21
   Eclesiologia 22
   Antropologia 22
   Escatologia 23
3. 1 TESSALONICENSES: TRABALHO, CONFLITOS E VINDA DE JESUS 25
   Situação dos destinatários 26
   Articulações teológicas 28
   Nova visão de trabalho 30
   Conflitos e perseguições 33
   A vinda do Senhor 35

4. **CORÍNTIOS: CARISMAS NA COMUNIDADE E MULHERES NA LIDERANÇA** 39
   A realidade dos coríntios 39
   Articulações teológicas 42
      1 Coríntios 42
      2 Coríntios 44
   Carismas para a edificação comum 45
   Mulheres em missão com homens 47
   Situação da mulher na sociedade de Corinto 49
   A mulher na comunidade de Corinto 50

5. **GÁLATAS: A LIBERDADE EM CRISTO** 53
   Quem eram e como viviam os gálatas 54
   Articulações teológicas: o Evangelho da liberdade 55
   Liberdade em Cristo 57

6. **ROMANOS: A JUSTIFICAÇÃO PELA FÉ** 61
   Para conhecer a comunidade destinatária 61
   Síntese teológica: justificação pela fé 65
   A vida no Espírito 67
   Deus é justo e nos torna justos 70

7. **FILIPENSES: ALEGRIA NO SOFRIMENTO** 75
   A comunidade de Filipos 76
   Síntese teológica: alegria no sofrimento 77
   O hino cristológico 79

8. **FILÊMON: NÃO MAIS COMO ESCRAVO, MAS COMO IRMÃO AMADO** 83
   A Igreja que se reúne na casa 83
   Síntese teológica: não mais como escravo, mas como irmão amado 87
   A escravidão no império e no cristianismo 91

**9. CARTAS DEUTEROPAULINAS:
2 TESSALONICENSES, COLOSSENCES, EFÉSIOS** 95
    2 Tessalonicenses 96
    Colossenses 97
    Efésios 98

**10. CARTAS PASTORAIS:
1 E 2 TIMÓTEO E TITO** 101
    1 Timóteo 102
    2 Timóteo 102
    Tito 103
    Hebreus 103

CONCLUSÃO 105

BIBLIOGRAFIA 107

Rua Dona Inácia Uchoa, 62
04110-020 – São Paulo – SP (Brasil)
Tel.: (11) 2125-3500
http://www.paulinas.com.br – editora@paulinas.com.br
Telemarketing e SAC: 0800-7010081